日本
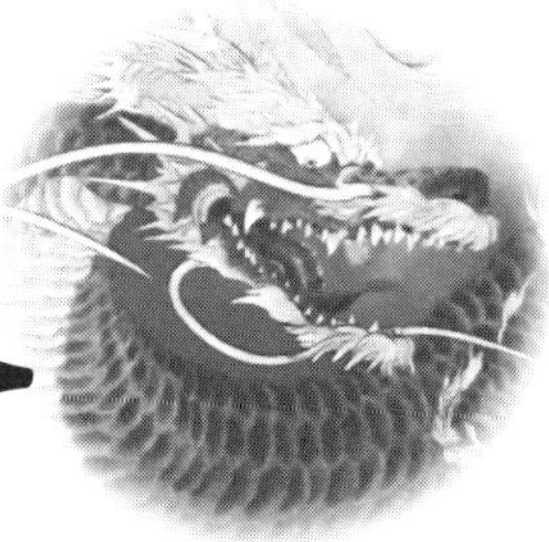

アメリカ・ディープステート
占領支配から脱するために

独立！

原口一博
Kazuhiro Haraguchi

ビジネス社

はじめに

２０２４年10月１日、石破茂氏が総理となり、たったの９日後に衆議院解散をしました。嵐のような総選挙が終わり１週間が経ったところで、いまこの文章を書いています。

私は、おかげさまで10期目の当選を果たすことができました。応援していただいた皆様には心より感謝を申し上げます。

今回の総選挙では、主権者の投票の権利が大きく奪われました。準備期間もなければ、告知期間もありませんでした。

石破内閣が開いた第２１４回国会臨時会において私は、25本の質問主意書を提出しました。せめてこれぐらいは答えるだろうと、安全保障、外交、歴史、それからレプリコンワクチンについても質問をしたのですが、「回答に至らず」ということで非常に残念な思いをしました。

総選挙の結果、自公政権は２００９年の民主党の政権交代以来、15年ぶりに過半数割れとなりましたが、だからといって立憲民主党が勝ったかというと、そうともいえません。確かに50議席ほどは増えましたが、自民党の小選挙区の票数が600万票以上落ちているなかで、立憲民主党も150万以上の票を落としているのです。これでは、実質負けだと思います。

この後、政権交代になるのか、それとも少数内閣で行くのか、連立があるのか、現時点ではまったく読めません。

2日後にはアメリカ大統領選挙が迫っています。トランプ氏が優勢ということで、トリプルレッドという言葉が使われています。つまり、大統領と上下院、すべてが共和党になるということです。そうなれば歴史的にも、実にグローバリストの負けといえる世界の状況でしょう（アメリカ大統領選挙後の私見は、あとがきで述べます）。

2023年には、BRICSのGDPがG7を上回り、2024年に入るとBRICSはますます拡大、日本人が知らないところで世界は大きな変革期にあります。

20世紀から21世紀にかけては、どれだけ世界中の無辜《むこ》の市民、国民が殺害されたかわかりません。まさに血生臭い時代が終わりを告げようとしています。ウクライナ戦争、中東戦争……このまま行けば、あらゆる戦争を仕掛けてきたディープステート側の負けで終わるのだと思います。

日本はどうでしょうか。柵の中の羊が下を向いて、ただただひたすら搾《しぼ》り取られているという状況が続いていると思います。しかも、自分たちが柵の中に囲われていることも、羊のように搾り取られていることも、わかっていない人が多数です。国会議員でさえも下を向いている。ひたすら、〝今だけ金だけ自分だけ〟の利権に走り、日本を売りまくっている状況といえるでしょう。

国民はひたすら税と社会保険料で搾り取られ、搾り取られるだけではなく、新型コロナワクチンの件ではモルモットにまでされている。この状況に立ち上がらない国会議員がいたとしたら、それはタダ飯喰らいであり、売国奴《ばいこくど》と言われても仕方がないと思います。

ただ、この本を読み進めるうちにわかってくると思います。私の援軍の方々、国会議員、ゆうこく連合の皆さん、多くの心ある方々が立ち上がり、横に連帯し、声を上げ行動に移されようとしています。

本書『日本独立!』の中で私が訴えることは、ひとえに「主権の回復」ということであります。戦後80年が経つなかで、日本の傀儡政権が国民の知らぬところで密約を結び、わが国を売ってきたのです。その者たちを日本では保守本流と呼んできたわけですが、とんでもない売国者ともいえるでしょう。「拝米保守」「従米保守」という言葉がこの頃は多くの人々に認知され始めてきています。

この本を読まれた皆さんに私は、「独立自尊の日本を取り返す」という1本の線を貫く強いメッセージを伝えたいのです。日本は一見独立国のように見えますが、政治の世界ではずっと、戦争屋の傀儡、戦争屋の下僕、戦争屋の手下であり、手下であればあるほど長期政権が続きました。そのことに気づいて欲しいのです。

国を取り戻すことができるのは国民だけです。我々国会議員がどんなに騒ごうが、国民が知らんぷりしていたら絶対に変わることはありません。

政党もメルトダウンして体を成していません。自民党も野党も、ディープステートの手下、グローバル資本の手下、それらが混ざり合い染み付いているのです。

だから私は、ゆうこく連合という組織を作り、【日本独立】【日本再興】【日本救世】この3つの理念のもとに、草の根の団体をネット上で広げているのです。今回の総選挙前には、289の小選挙区のすべてに世話人が立ち、3つの理念に沿う候補者を紐付けしました。また、私のSNSでは毎朝5時から勉強会の場、学びの場を作っています。

今回多くの仲間が国会に戻ってきました。時が経つにつれその成果が、皆さんの目にも映ってくると思います。そしてどうぞ皆さんもこの運動に加わってください。「柵の中の搾り取られるだけの羊はもうやめよう」と隣の人にも伝えてください。私たちはいよいよ行動しなければならないのです。

歴史を振り返れば、聖徳太子の十七条憲法には、「和《なごみ》をもって尊しとなす」という名文があります。それは「寛容と挑戦」であり、そして「大和心」です。この「大和心」をもとに国民が立ち上がることが重要です。日本の歴史はいつの世も民草《たみぐさ》から変わっていくのです。どこかの政党が変えたり、どこかの権力者が変えるものではありません。つまり私が挑戦していることは、この令和の時代において、「もう1度日本を取り返す」ということなのです。

『日本独立!』の中にはいくつもの資料や考え方のヒントが含まれています。そして最後のあとがきでは今後の方向性、つまり光の差す方向へ向かおうということを述べています。ひとつの巨大な資本、巨大な戦争屋、それらが一方的に抑圧する時代は終わりを迎えつつあります。これからはそれぞれの国の歴史や風土を尊重する、多元的価値観の時代に移りつつあります。

ところが、その時代の一番後ろに取り残されているのが日本なのです。今の日本は、バイデン政権のようなアメリカの戦争屋の真下にいて、その支配のなかにあるわけです。

しかし私たちは、それを良しとはしません。強く立ち向かっていきましょう。そして明るく暖かい学びの場をたくさん作っていきたいと思っています。

特定の反社会的な宗教団体が「お布施をしないと不幸になるぞ」と脅しますが、これまでの日本はあれと同じです。例えば、実用性に疑問符のつく軍備増強のための装備品（アメリカのお古）を買わないと防衛にならないぞと脅され、搾り取られていたのです。日本の拝米保守の識者たちは「日本を巡る安全保障環境は厳しさを増す」と枕詞のように言いますが、そういう人たちを信じないでください。

これはつまり〝外交に失敗している〟ということを物語っています。「脅威」とは《能力×意思》です。相手にその意思を持たせなければ、どれだけ強力な極超音速ミサイルを持っていたとしても、私たちには脅威ではないのです。どうぞそのことに気づいてください。真の独立をしなければ、まともな外交もできないのが現実です。

本書はどの章から読んでも、完結できるように書いたつもりです。また、時代を作っていく指針、学びの場となるよう書きました。皆さんの議論のきっかけとなることを願っています。

それから私は、18歳から29歳までの方々に対して、私が松下幸之助先生や、末次一郎先生、そして稲盛和夫先生に教えていただいたように、学びの場を提供しています。どうぞ「原口一博政治大学校」にも、アクセスをされてみてください。

日本を取り返しましょう。日本を独立自尊の「日出《ひいず》る国・日本」に変えていきましょう。それを一緒にできる同志に、本書を捧げます。

2024年11月3日

原口一博

日本独立！

目次

第2章 日本が「独立国」とはいえない理由
日米同盟と傀儡政権

第3章 独立国として生きるための戦略

第5章 隠されたヒバクシャ
ALPS処理水と原爆、残留放射線と内部被曝の罪

第6章　石破総理は何故筋を違えたのか

第1章

「日本独立」を考え、実行する前に

① グローバリズムと情報統制の世界の中で

●――グローバリズムを改めて考える

日本は果たして本当の意味で「独立国」といえるだろうか？

なぜ日本は、独立国としての力を持ち得ないのか？

戦後80年が経つ今、超大国の一極支配から多極化に向かう世界情勢は、大きく変わる変革期にあります。2023年は、G7のGDPがBRICSのGDPに抜かれた年です。※1
2024年1月1日には、BRICSプラスとなり6か国が加わり11か国となりました。

彼らの市場規模、GDPの規模は、G7のそれをはるかに凌駕し、これからは離されていく状況であることを、どれくらいの方が認識しているでしょうか。G7は自分たちこそが世界のルールみたいな顔をしていますが、もはやそんな時代ではないのです。

私は夜中の時間にいろいろな国々の人たちとネットでやり取りをしているのですが、そのなかでよくいわれるのは「もうたくさんだ！（enough）」ということです。何がたくさんなのかというと、「先進国の横暴さと傲慢さに耐えられない」と言うのです。

「あなた方が私たちにこの30年間やってきたこと、冷戦が終わった後の30年を見ても、戦争と搾取と説教の輸出でしょう」

「あなた方が軍を出してきてどれだけの人が亡くなりましたか？ どれだけの無辜の市民をあなた方は殺害しましたか？」

それを聞いて私は「日本はそんなことはしていませんよ」と言うと、「日本は直接的な武力行使はしていませんが、イラク戦争のアメリカを支援していたし、今ではイスラエルも支援しているでしょう」と返されるわけです。そうです。日本は日本である以前に、G7の一国であることから逃れられない場所に現時点でいるのです。

少し前までは、アフリカも中東も日本を一番信頼しているといっても過言ではなかったと思いますが、今は違います。彼らが何と言っているか。

「あなた方G7が我々のところに輸出したものは、戦争、グローバルマネーによる搾取、そして説教ではないか。もうたくさんだ！」

私はこれまでにヨーロッパのEU議会に何回も行き、何人もの議員と議論を重ねました。もともとEUとは何のためにできたのか、ヨーロッパ議会とは何のためにできたのか、それを振り返ると「グローバリズムと戦うため」ではなかったかと思わずにはいられません。

私は日本EU友好議員連盟の役員もさせていただいています。ブリュッセルにあるEU本部で議論をしたその時に、彼らが我々に問うたのは「グローバリズムをどう考えるか」ということでした。もう20年以上前のことです。

ヨーロッパでグローバリズムというと、それはほぼ「アメリカ一極主義」と同じ意味でした。EUというものはそもそも「一極では駄目だ、多極、多様な社会にしないといけない」ということで誕生したのではなかったでしょうか。しかしそれがこの10年で、一気にグローバリズム側と一体化してしまったのです。通貨統一と共に、文化まで画一的になり、移民の増加とコロナの影響で、自国のアイデンティティ（自己同一性）が崩壊寸前、為政者と国民感情が乖離してしまったような印象です。

※1　BRICS（ブリックス）……ブラジル（B）、ロシア（R）、インド（I）、中国（C）、南アフリカ（S）の新興5か国の枠組みを指す言葉。2000年代以降に著しい経済発展を遂げている。新たに加わった6か国：サウジアラビア、エジプト、エチオピア、イラン、アルゼンチン、アラブ首長国連邦。

グローバリズムとは「一極支配」

ここで皆さんに意識していただきたいことは、「国際的」というニュアンスで使われる「インターナショナル」と「グローバル」という言葉の意味が、いかに違うかということです。

「インターナショナル」とは、それぞれ国と国の「際《きわ》」が非常に大事になってきます。国《くに》の際《きわ》で「国際《こくさい》」です。

私たちが世界の国々に行き、さまざまな国々の人と交流する際には、自分の国の文化や伝統、歴史について語る機会が必ずあります。

あなたは何者かということを聞かれた際に、自国の歴史や文化や伝統と外れていては、自分がいかに存在しないかがわかるでしょう。自分の国や民族の「アイデンティティ」のことです。いかに英語が上手だろうが、フランス語が上手だろうが、何か国もの言語が話せようが、そんなことはほとんど関係がないのです。自分の国のことがしっかり言えないといけません。そして、自分の国と相手の国の文化の違いを認識し受け入れること。それこそが「インターナショナル」ということなのです。

対して「グローバル」とは、ひと言で言えば「一極支配」ということです。全体主義といってもいいかもしれません。「人、モノ、金《かね》の流れを活発化させるため、国境の垣根をできる限り引き下げる」ことです。国境や国柄を大事にするか、しないかとの差ともいえるでしょう。

ただし、グローバル社会には大概自由がありません。徹底した管理社会、管理システムが求められてきます。自由のないところに人間の存在の保障はないともいえます。

グローバリストの権力者たちは、「戦争」と「搾取」と「説教」を輸出します。植民地時代がグローバル化の始まりと見るならばわかりやすいでしょうか。宗主国のイギリスが、インドやアジアやアフリカ諸国に「戦争」と「搾取」と「説教」を輸出したのです。その国の言うことを聞く者には「金」や「武器」なども分け与え、傀儡《かいらい》として使いました。

日本においては、グローバリストの支配に甘んじているといえます。

「保守」と呼ばれている政治家や知識人も、実はその正体は、「親米保守《しんべい》」「拝米保守《はいべい》」だったりもしますので、愛国心が高まる発言をされていたとしても注意が必要です。拝米従属の自称保守は、日本の属国化を進め戦争屋の傀儡である可能性も高いのです。

グローバリストは、自分のことを「私はグローバリスト」とは普通は言いません。存在が曖昧なグローバリストは、アイデンティティ（自己同一性）がはっきりしない、鵺《ぬえ》※2のような存在ともいえるでしょう。

本書で一貫しているテーマは「グローバリストとの戦い」です。グローバリズムがいかに世界を蝕《むしば》んでいるか、グローバリズムといかに対峙していくか、という問題を共に考えていきたいと思っています。

※2 鵺（ぬえ）……猿の顔、狸の胴体、肢は虎、尾は蛇。胴は虎で描かれることもある。「ヒョーヒョー」と大変に気味の悪い声で鳴いたとされる。『平家物語』などに登場する。

●――ディープステートによる占領支配

本書のサブタイトルにもなっている「ディープステート」という言葉については、はじめに皆さんと共通認識を持っておきたいと思います。

ディープステートというと、「そんなものどこにあるんだ」と言う人がいますが、軍産複合体、医薬複合体、あるいは情報通信や金融複合体、WHOに関連する組織、ビッグファーマなどと癒着した複合体です。戦争屋に金融搾取屋、国家を超えたグローバリストの集まりのことであり、超大国をも動かす力がある連合体です。そして、ディープステートに関わり価値観を共有する人々は間違いなくグローバリストといってよいでしょう。

日本ではディープステートというと陰謀論だとかいう人がいますが、アメリカでは普通に、共和党のトランプ氏周辺のMAGAの人々だけでなく、メディアや民主党の人々の間でも使われている言葉です。DS（ディーエス／Deep State の頭文字）と略して使われたりもします。100年近く前の日本の新聞などでは「地底政府」と書かれています。

トランプ氏はずっと最初からディープステートと戦っています。ディープステート支配体制を終わらせるために大統領になったといっても過言ではないでしょう。これまでにも暗殺未遂事件をはじめさまざまな妨害工作、メディアによる印象操作、訴訟等で攻撃もされてきましたし、常に戦ってきました。

2024年の大統領選挙戦の途中でトランプ陣営に合流した第3の大統領候補、ロバート・F・ケネディ・ジュニア氏も同じ志の持ち主です。ケネディ家は伝統的に民主党ですが、共和党のトランプ氏と組んだのはある意味必然だったといっていいでしょう。

ちなみに、アメリカでこの20世紀以降、戦争を行わなかった大統領は22人中6人しかいません。トランプ氏もそのひとりです（タフト、クーリッジ、フーバー、アイゼンハワー、カーター。カーター以外は共和党所属）。

トランプ大統領が38度線を跨《また》いで、金正恩《キムジョンウン》委員長と握手をしたあの瞬間は、今でも脳裏に焼き付いています（2019年6月30日）。リーダーが平和を築く存在である事を、世界が改めて「知った」瞬間でもありました。

ディープステートは具体的な組織や人物というよりは、アメーバのような〝利益追求集団〟と捉えるとよろしいかと思います。

その他特徴として、真実を隠す。和平を壊す。破壊することに容赦がない。人の気持ちを考えない。ときに暗殺。手口はある意味ワンパターン。誰かを憎しみ、地域を分断し（分断統治）、人と人を争わせ、戦争や対立をなるべく続けさせ、暗く冷たい存在……。

だから我々はその反対をやれば、彼らに勝利することができるということです。真実を明るみに出すのです。

●――ディープステートの手口

例えば「ノルドストリーム1&2」は誰が爆破したのか？　2022年9月26日、突如として、ロシアとドイツの間を繋ぐ4本の天然ガス・パイプラインのうち、3本が何者かによって破壊をされた事件です。ロシア・ウクライナ戦争が勃発してから約半年後の出来事だったため、世界に緊張が走りました。

ピューリッツァー賞の受賞歴のあるジャーナリスト、シーモア・ハーシュ氏は2023年2月8日、「アメリカはいかにしてノルドストリーム・パイプラインを破壊したのか」という記事を公開し、犯人はアメリカ（バイデン政権）だと発表しました。

またすでに爆破が起こる7か月前の2022年2月7日、バイデン大統領はホワイトハウスでドイツのショルツ首相と会談した後の記者会見で、「もしロシアがウクライナの国境を越え侵攻すれば、ノルドストリーム２はなくなる。私たちはそれを終わらせる」と口走っています（動画も残っています）。

ドイツにエネルギー危機を起こすことで、ウクライナへの確実な支援とアメリカ産の天然ガスの購入を促そうとしたのではないかという人もいます。

ただし、アメリカはその関与を否定しています。国連においては、ロシアが事件の調査を求める決議案を提出しましたが、棄権者多数で否決されてしまいました（賛成国はロシア・中国・ブラジルのみ）。調査に反対した中に犯人がいるに違いないわけですが、国家ではない組織＝ディープステートの何者かが関与している可能性もあります。

国家だけが世界政治を動かしているわけではないことに、もういい加減に気づかなければなりません。

新型コロナウイルスとワクチンも同様です。計画されたマッチポンプ方式で、常に事件は起こっているのです。その詳細は自著『プランデミック戦争 作られたパンデミック（悪性リンパ腫との闘いを超えて）』（青林堂／２０２４年10月）に記しましたのでぜひお目通しください。

そして、日本の政治家にもその強大な力に抗えない者は大勢いるのです。

本書では、そういった背後に蠢《うごめ》く強大な力について、一つひとつ考えていきたいと思っています。

イスラエル・パレスチナ戦争、ウクライナ戦争という歴史の転換点にある戦争の意味をよく考えてください。今起きている戦争は、ほとんどが代理戦争です。代理戦争であり、戦争屋のための戦争です。戦争を止めようという勢力と、戦争を加速させたいグローバル勢力（＝ディープステート）との戦いといえます。

今、歴史の転換点にあり、時代が多極化に向かっています。

世界はグローバリズムの終わりの始まりの場所にいるのです。

●日本は傀儡国家なのか？

日本の上級国民は、宗主国の傀儡なのでしょうか？　実際問題、戦後の日本政治を振り返ると、傀儡ではない人たちはなかなか総理にはなれなかったと思います。

ちょうどあれは12年前の２０１２年9月のことです。民主党政権の末期に代表選挙がありました。私は増税路線の人間が代表を続けたら民主党は終わると思い、代表戦に手を挙げました。[※3]　4人が立候補しました。でも2位でした。その時にはっきりわかったのは、敵は自分たちのなかにいるだけではないということです。敵はまさに〝宗主国〟あるいはザイム真理教がそれを手伝っているように思えました。そして、〝宗主国〟の指示通り動く人間が首相になるなら日本の未来は暗いといわざるをえません。

抵抗した者は少なくとも政治的に抹殺されてきました。

田中角栄氏、橋本龍太郎氏、命を失ってしまった石井紘基氏、中川昭一氏、そして安倍晋三氏。彼らが何を言い、その後どうなったか。

小沢一郎氏は著書『日本改造計画』（1993年／講談社）の中で「日本を普通の国にする」と言ったがために、宗主国の逆鱗に触れたともいわれます。

かたや、「日本を属国扱いしません、私たちは紳士です」といって近づいてくるアメリカ人が、いわゆる〝ジャパン・ハンドラー〟と呼ばれる人たちです。ハンドル、つまり操縦する、飼い慣らすという意味合いが含まれています。

代表的な人物として、リチャード・アーミテージ氏、マイケル・グリーン氏、ジョセフ・ナイ氏、カート・キャンベル氏等をあげる人もいます。

例えば、自民党の小泉進次郎氏などは若い頃から彼らと親しくしています（※小泉進次郎氏はアメリカCSIS《戦略国際問題研究所》の研究員だったことがあり、上司はジャパン・ハンドラーとして名高いマイケル・グリーン氏）。大変扱いやすい人物だと思われているのではないでしょうか。

彼がそれを自覚しているかどうかはわかりませんが、簡単にいえば舐められっぱなし、このまま彼が要職に就き考えを改めないようでは、ますます日本は衰退していくことでしょう。

それを止めようとしているのが「ゆうこく連合」であり本書『日本独立！』なのです。戦争が終わってもう80年が経ちます。日本は主権国家です。日本人もバカじゃない、いつまでも従順な羊ではない。あらゆる情報は開示される方向に向かっているのです。主権を回復させ、独立自尊の日本をつくる。これからは当たり前のことを当たり前にやるだけです。

※3　2012年9月民主党代表選挙……野田佳彦前代表の任期満了に伴い9月21日に実施。立候補者は得票順で①野田佳彦 ②原口一博 ③赤松広隆 ④鹿野道彦。その2か月後の11月14日に野田首相は衆議院解散を宣言した。

●ゆうこく連合、始動

ゆうこく連合は、2024年7月、新しく立ち上がった草の根組織であり、横の連帯を呼びかける政治団体です。

「ゆうこく連合」には3つの柱があります。

- 日本独立

・日本再興
・日本救世

日本の問題を解決し、日本の国土と国民の命を守る、それに尽きます。

なお、「憂国」という言葉は、新渡戸稲造博士の言葉からお借りしました。（新渡戸稲造『真の愛国心』1925年より ※ネットの青空文庫で無料で読めます）

「ゆうこく」は「憂国」であり「優国」です。〝憂《うれ》う人〟と書くと「優」という文字になります。人や国を憂う人はいつの時も心優しき人です。

国を心配して、たくさん人が集まって、優れた、優しい国にしていきましょう。明るく温かい国にしていきましょう、という意味を込めています。

今、国を憂うる同志、愛国者同盟（ペイトリオッツ・ユニオン）が、どんどん横に広がっています。まさに我が国の「和《なごみ》をもって尊しとなす」、そういった大和心を中心に、歴史や文化に根差した日本の再生を頑張っていこうという活動です。

よくご質問をいただきます。「原口さんのいる立憲民主党のなかではどうなんだ、共有できているのか」と。正直言って、共有できない部分があります。この連帯は超党派で、草の根で動いていているものです。

私は責任ある財政を勝ちとるため「日本の未来を創る勉強会」という会を立ちあげまし

た。志が近しい人たちで繋がっており、前回の総選挙前までは79人の国会議員がいました。しかしそれは、立憲民主党の全員ではありません。

立憲の執行部にはむしろ、スタンスの逆の人たち、ジャパン・ハンドラーズ、それからザイム真理教の人たちが主導権を握っているのではないか、という人もいます。

また、新型コロナワクチン問題で連帯を深めている超党派の「グローバリズムと闘い日本を守る議員連盟（旧超党派WCH〈仮称〉議員連盟）」は、2023年11月に第1回総会を開催し、以降も多くの方々や議員の方々に参加してもらいました。

今、「ゆうこく連合」には、全国の289ある衆議院の小選挙区すべてに世話人がいます。今回の総選挙で候補者を紐づけしました。あくまで超党派です。大事なのはこの3つの理念に賛同できるかどうか……そこだけです。政党政治の限界を目にするなかで、政党に縛られていては日本独立は成し得ないと考えているからこその《横のつながり》なのです。

新型コロナワクチン問題では、多くの人が亡くなり、これだけ障害を負っている人がいるのに、国会議員には、まるで被害が生じていないかのような対応をする者が少なくありません。つまり国民を見ていない。アメリカを見て、DSを見て、財務省を見て、国民を見ていない。自分たちのご主人様の方だけを見ている。自分の議席のことだけを見ている……もういい加減、そういう政治は終わりにしなければいけません。

党派を超えて推薦をしていきます。右も左も思想は関係ありません。たとえていうなら、自民党はよくも悪くもアメーバのような組織です。アメーバにアメーバで対抗していては絶対に勝てません。だから対抗する側は〝ダイヤモンドのような核〟を作るのです。日本独立に向けた本当の強い揺るがない意志。なにより大事な志を、皆さんと共に鍛えていきたいと思っています。

私たちのゆうこく連合は、草の根型であり、教育型なのです。それは私の師である松下幸之助氏の言葉「あらゆるものは教育やで」に現れています。

そして松下氏は「無税国家」も提唱していました。税だけが国家の財源ではないということです。「そんな話あり得るの?」と思う方はサウジアラビアをぜひご参考になさってください。サウジアラビアは石油が採れるから余裕ある財政運営ができるというのは少し違います。国家でファンドをうまく活用して資産を国家運営しているのです。

今、ゆうこく連合には経営者の人たちが続々と入ってきています。明るく温かい日本独立のお役に立ちたいという経営者が、まだまだ日本にはたくさんいるということです。

世界的に見ても、私たちのような愛国を謳う独立自尊運動はメジャーになりつつあります。アメリカでもヨーロッパでもその勢いは増しています。

精神的にも物理的にも、日本の弱体化装置を取り外し、国民に財を返していく。衰退から成長への転換。日本再建への道はここから始まるのです。

②情報統制を阻止せよ

●情報統制と監視社会

『日本独立！』という本を書くに当たって、作家ジョージ・オーウェルの言葉をもう一度皆さんと共有しておきたいと思っています。その言葉は、かの有名な『１９８４年』という作品に書かれてある一節「Big Brother Is Watching You」です。

ビッグブラザー、つまり巨大なコンピュータ、人工知能といった存在があなたのことをずっと見ていますよ、という意味です。

「Watching You」というスローガンで想起されるのが、全体主義国家の特徴は、激しい監視、検閲ですが、昨今では欧米、そして日本でもそれが起こりつつあります。

ちなみに監視と情報のことでいうと、私は総務大臣の時に「マイナンバー5原則」というものを提示しました（平成22年／２０１０年）。これは「原口５原則」と呼ばれているものです。それは何かというと【権利保障の原則】【自己情報コントロールの原則】【プライバシー保護の原則】【最大効率化の原則】【国・地方協力の原則】といったもので、つまりビッグデータであろうと誰であろうと、個人の情報は勝手に取られたり、加工されていいものであるはずがないのです。

今、そのマイナンバーは「原口5原則」を蔑《ないがし》ろにして進めようとしています。自由の侵害といえるでしょう。

正直、時代も変わり、ブロックチェーン技術が発展してきているため、マイナンバーなどはあえて作る必要もなかったともいえます。むしろ数字にいろいろな情報を紐付けることにより、そこからたどられて個人情報が特定できたり、さまざまな被害が起こる可能性があります。

最近の政府はとにかくDX化さえすればそれでことたると思っているようです。コンピュータはバックドアもありますから、事はそんなに単純ではありません。リスク管理が大切です。

●――ＥＵの欧州委員会は世界の人々を監視できるか

ＥＵには欧州委員会という行政執行機関（内閣のようなもの。委員数27）がありますが、そこで委員を務めていたティエリー・ブルトンというフランス人がいます。この人が「イーロン・マスク氏とトランプ元大統領とのX上でのインタビューは有害コンテンツの可能性がある、検閲を強化せよ」と〝アメリカの〟X社のオーナーであるイーロン・マスク氏に命令をしてきました（書簡を送りつけた）。EUが「トランプ氏のインタビューを注意深く監視し、有害だった場合は罰則を与える」という警告を発してきたのです（2024年8月12日）。

EUにそんな権限があるのでしょうか？　このブルトンという人が何の権限をもってそんなことを言っているのかというと、「デジタルサービス法（DSA）」というEU圏内で施行された法律を根拠としています。

その内容は《オンライン上での違法で有害な活動や偽情報の拡散防止と、SNSを使っているユーザーの安全を確保し、基本的権利を保護し、公正で公平なオンラインプラットフォームを構築》することが目的です。悪質な情報や偽情報がネット上には多数ありますが、その拡散を法律で防止したいというのです。

お題目は一見もっともらしくみえるかもしれませんが、しかし考えてもみてください。誰がその情報の良し悪し、正しいか嘘かを判断するのでしょうか？　検閲の権限がある者のさじ加減次第でその結果は大いに変わってこようというものです。

この法律は2024年2月17日に施行されています。すでにEU加盟国内で、全面適用が開始されており、EU内のオンラインプラットフォーム（SNSを運用するIT企業）は、違法コンテンツへの対策や、未成年者への措置を行う必要があるとEU議会は決定したのです。

この「デジタルサービス法（DSA）」は言論の自由に対する史上最大の攻撃であると、一部ではいわれています。ユーザーは違法なコンテンツをオンラインで報告する権限が与えられていて、例えばイーロン・マスク氏の発言が気に入らなかったり、ドナルド・トランプ氏やマリーヌ・ルペン氏の投稿が気に入らなかったとしたら、「これは偽情報だ」と言って、報告する権限が与えられているのです。そして、オンラインプラットフォーム事業者は迅速にそれ（削除等）に対応しなければならない、という内容です。明らかな偽情報は確かに問題ですが、そこには個人の言論や見解、意見の相違も大いに含まれてきます。とんでもない悪法ではないでしょうか。

例えば科学というものは、必ず疑問から入るわけです。コペルニクスはなぜ異端者扱いをされ迫害をされたのか。それは当時の常識に疑問を抱いたからです。しかし疑問を抱かないところに科学や学問の発展はありません。

あるいは政治だってそうです。与党政府から見て都合の悪い情報はすべて排除するのでしょうか？　権力者による口封じは明らかな弾圧です。国民が支払った税金が特定の企業や団体に流れ、間接的に言論弾圧行為を促そうとしているのです。

２０２２年にイーロン・マスク氏が当時の Twitter（今のＸ）社を買収しました。買収してすぐに、社内の検閲システムを解体しました。言論の自由が担保されているプラットフォームにするべく買収し、社名とサービス名を「Ｘ」と変えたわけです。

それに関してＥＵ欧州委員会のＥＵコミッショナーであるブルトン氏が、ヒラリー・クリントン氏の勧めという名目で、同社を追及するようになります。「ブルトンさん、どうぞＥＵでＸを取り締まってください」とトランプ氏を敵対視するヒラリー氏がブルトン氏にお願いしたのです。そこからずっと目をつけていたというわけです。

オンラインプラットフォームというものには国境がないため、ＥＵ内だけに留まらず国際的な検閲が拡大しています。

そしてついに、ＥＵ欧州委員会は、ヨーロッパ以外の他国の選挙にまでも介入してきました。

暴力や憎悪や人種差別を扇動する可能性のあるコンテンツの拡散はリスクである、それは確かにそうかもしれませんが、その基準は一体何なのかというと、このブルトン氏個人が決めると言っているようなものです。まるで全体主義、これこそがグローバリズムの正体です。

なお、「デジタルサービス法（ＤＳＡ）」はＩＴ企業にプラットフォーム上で違法・有害コンテンツ対策を強化するよう義務付けており、違反した企業には世界における年間売上高の最大６％の制裁金を課すとしています。

ファクトチェックは誰がするのか？

「デジタルサービス法（ＤＳＡ）」は、ＥＵの枠を超えて適用しようとしました。アメリカにも日本にも、どの国にも適用し、曖昧な基準（ともいえないようなもの）を振りかざします。各国の国内法や独自の価値観、歴史、文化、風習といったものは無視。大手企業に全面的な検閲を強要する。反対意見を持つ者には、告訴や経済的制裁で脅すのです。

そもそも、ＥＵ委員会のメンバーは選挙で選ばれていません。選ばれたわけでもないのに、専制君主のようなふるまいをすることは許されません。専制的権力を持ち、愚かな政策をやり続けることが許されている。欧州の人たちが不幸になるばかりです。だから皆怒り始めているのです。ＥＵの専制君主気取りが、アメリカ大統領候補から言論の自由を奪い、マスク氏から報道の自由の権利を奪う権限を主張しています。

ヨーロッパの知性「スコラ」はどこにいったのでしょうか。キリスト教哲学の誇りはどこへ消えたのでしょうか。

なお、この報道があったひと月後の2024年9月、ブルトン氏は辞表を提出しました。フォンデアライエン欧州委員長の〝個人的な理由〟で、ブルトン氏は委員の候補から外されたそうです。ヨーロッパの良心が働いたと思わずにいられません。

同じような検閲的な意図を持った団体で、「トラステッド・ニュース・イニシアティブ（TNI）」という団体もあります。こちらは世界のマスメディアやITプラットフォームの主要報道機関が連携し、有害な偽情報・誤情報を知見し対策を共有することを目的としています（日本ではNHKが加盟済み）。

偽情報・誤情報対策と言っておきながら、自分たちにとって都合の悪い情報は配信しない可能性が多大にあります。

そして、日本にもそんな欧米に倣《なら》ったのか「ファクトチェックセンター」なるものができたようで、先日、私のところにもチェックしに来ました。

彼らは、「日本ファクトチェックセンター（JFC）」といい、総務省とグーグルやヤフーなどのネット企業がつくった非営利組織です。

総務省曰く、「事実と違うもの、偽情報の流布等については、第三者機関をつくって、特にSNSはチェックをしなければいけない」とのこと。来訪したJFCの創刊編集長を務めるF氏（元大手新聞社記者）と話をするなかで、「では、あなたのファクトチェック機関は、どういう医療機関、研究所と契約をして、それがファクト、またはファクトではないと認定し、私をチェックに来られたのですか?」と聞きました。しかしその回答はなく、つまりファクトの根拠はまったくありませんでした。

ファクトチェックをする人間や組織の方もチェックしなければいけない、と改めて思いました。今度国会で総務省の方々に事実関係を確認したいと思っています（2024／令和6年10月3日、本件で石破新政権に対して質問主意書を提出しました。第214回国会『インターネットの表現の自由に関する質問主意書　衆議院議員　原口一博』）。

日本が独立するためには、【情報開示】が重要なテーマとなってきます。正しい情報に「偽情報」の烙印を押し、不都合な真実を闇に葬り去ろうとするのは、彼らのいつもの手口なのです。そういう動きがあった場合には、断固抗議していかなければなりません。情報開示の重要性については、また後ほど、3章でも触れたいと思います。

第2章

日本が「独立国」とはいえない理由

日米同盟と傀儡政権

●──「日米同盟」とは

アメリカ合衆国では、原則的に30年が経つと機密情報や政府資料は一般に公開されます。そこで戦後、日本がアメリカGHQの占領から解放されたとされる「サンフランシスコ平和条約」（1952年4月28日）以降も、日本を〝保護国として飼い慣らすようなシステム〟が存在していたことが、文書により明らかになっています（そのようなシステムには「日米合同委員会」や「MSA協定」といわれているものも含まれます）。

そういった文書の一つに「密約」の記録があります。

なかでも、1952年と54年に口頭で交わされた「指揮権密約」は、当時のGHQトップだったマーク・クラーク大将と、吉田茂首相の間で結ばれたもので注目に値します。どんな密約かというと、「いざ戦争になったら日本の自衛隊は米軍の指揮下に入って戦うことを了承する」という驚くべき内容なのです。

ちなみに「密約」とは、国家間のトップ同士が国会にも国民にも知らせずに密かに交わす約束や契約を指します。

現在の日本では、2つの地位協定が動いています。一つは有名な「日米地位協定」。皆さんご存じのとおり日本にとって大変に不平等なものです。もう一つは朝鮮戦争の時の

「朝鮮国連軍地位協定」。

その中にさらに密約がいくつかあり……「基地権密約」「制空権密約」「環境権密約」等、我が国の歴代首相は幾重にも密約を交わし、国民の知らないところで日本を売り飛ばしてきたともいえるでしょう。

日本の制空権の不自由についても、耳にしたことがある方もいらっしゃるでしょう。

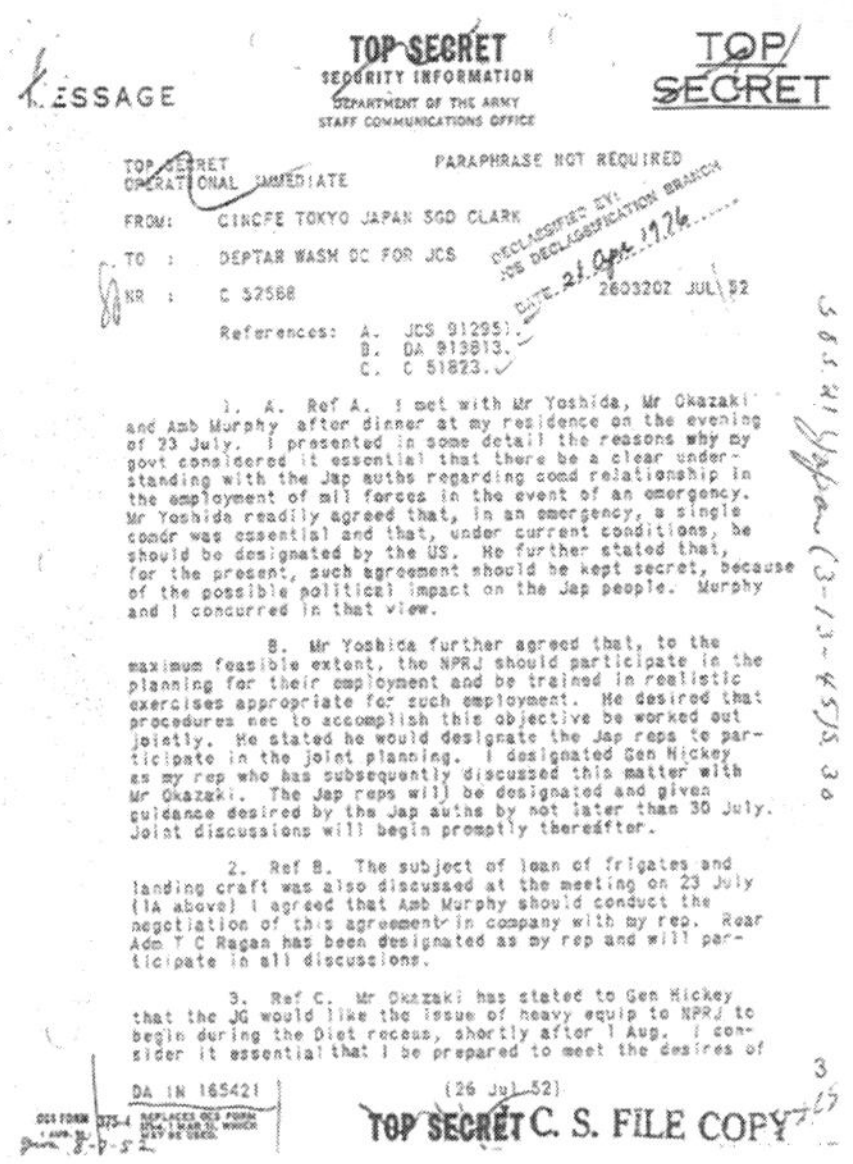
MESSAGE

TOP SECRET
SECURITY INFORMATION
DEPARTMENT OF THE ARMY
STAFF COMMUNICATIONS OFFICE

TOP SECRET

TOP SECRET
OPERATIONAL IMMEDIATE

PARAPHRASE NOT REQUIRED

DECLASSIFIED BY: JCS DECLASSIFICATION BRANCH
DATE 21 Apr 1976

FROM: CINCFE TOKYO JAPAN SGD CLARK

TO : DEPTAR WASH DC FOR JCS

NR : C 52588

260320Z JUL 52

References: A. JCS 912951.
B. DA 913813.
C. C 51823.

1. A. Ref A. I met with Mr Yoshida, Mr Okazaki and Amb Murphy after dinner at my residence on the evening of 23 July. I presented in some detail the reasons why my govt considered it essential that there be a clear understanding with the Jap auths regarding comd relationship in the employment of mil forces in the event of an emergency. Mr Yoshida readily agreed that, in an emergency, a single comdr was essential and that, under current conditions, he should be designated by the US. He further stated that, for the present, such agreement should be kept secret, because of the possible political impact on the Jap people. Murphy and I concurred in that view.

B. Mr Yoshida further agreed that, to the maximum feasible extent, the NPRJ should participate in the planning for their employment and be trained in realistic exercises appropriate for such employment. He desired that procedures nec to accomplish this objective be worked out jointly. He stated he would designate the Jap reps to participate in the joint planning. I designated Gen Hickey as my rep who has subsequently discussed this matter with Mr Okazaki. The Jap reps will be designated and given guidance desired by the Jap auths by not later than 30 July. Joint discussions will begin promptly thereafter.

2. Ref B. The subject of loan of frigates and landing craft was also discussed at the meeting on 23 July (1A above) I agreed that Amb Murphy should conduct the negotiation of this agreement in company with my rep. Rear Adm T C Ragan has been designated as my rep and will participate in all discussions.

3. Ref C. Mr Okazaki has stated to Gen Hickey that the JG would like the issue of heavy equip to NPRJ to begin during the Diet recess, shortly after 1 Aug. I consider it essential that I be prepared to meet the desires of

DA IN 165421 (26 Jul 52) 3

TOP SECRET C. S. FILE COPY

「指揮権密約」機密解除された公電文書（古関彰一獨協大学名誉教授により発見され、1981年に朝日ジャーナルで発表された）

私は普段から地元の佐賀から羽田空港まで飛行機を使いますが、房総半島の方からぐるっと回らなければいけません。それはなぜかというと、「横田空域」というものがあり、日本の飛行機はその空域を通過してはいけないからです。

この空域はアメリカ空軍の管制下にあり、当該空域を飛

図表1　横田空域

行する場合は米軍による航空管制を受けなければなりませんが、認可が降りるかどうかは不明のため、関東圏の空港を利用する飛行機の多くが迂回する経路を取っています。

沖縄にもアメリカが管制する「嘉手納《かでな》空域」があります。那覇空港から離陸する飛行機はしばらくの間低飛行することを不思議だなと思った方もいることでしょう。その理由は、那覇空港の北側に米軍の嘉手納基地があり、那覇空港から飛行機が飛び立つ方角に滑走路が向いているからです。嘉手納から飛び立つ米軍機はすぐ高度を上げたいため、日本の民間飛行機は300人乗りだろうが400人乗りだろうが、低く飛ばなければいけないのです。

日本の空は思いの外、アメリカに支配されたままなのです。日本の空を取り戻さないといけません。

●――「二重封じ込め戦略」と「罠にかける同盟」

アメリカの機密文書からわかることはほかにもあります。

東西冷戦後の1992年にアメリカは、「防衛計画ガイドライン（Defence Planning Guidance）」という基本戦略を作っていたことがわかります。そこには何が書かれているかというと、一つは「二重封じ込め戦略」といわれるものです。

それは、第二次世界大戦の敗戦国である日本とドイツを封じ込め（一次封じ込め）、両国を使いロシアと中国を封じ込める（二次封じ込め）戦略のことをいいます。アメリカが戦後、仮想敵国としていたのは、ロシア、中国、ドイツ、そして日本だったのです。以下に詳しく述べます。

「二重封じ込め戦略」とは、敗戦国である日本とドイツを蓋《ふた》にして、ロシアと中国を抑え込もうという策略であり、自主防衛能力を剝奪した日本の自衛隊を利用して、ロシアと中国を封じ込める戦略です。

メルヴィン・レフラー氏（バージニア大学教授／米外交史）によれば、「米軍の日本駐留継続によって日本人が自主防衛能力を持てないように封じ込めておき、その封じ込められた日本を同盟国として利用し、ロシアと中国を封じ込める」と述べています。

さらにレフラー氏は「1947年の米国務省の内部文書には『戦後の日本が、独立国としての運命を歩むことを許さない。日本は、アメリカの衛星国としてのみ機能させる』と記述されているといいます（参照：伊藤貫『囚人国家の「護憲ごっこ」「親米ごっこ」「国粋ごっこ」』／『表現者クライテリオン』2019年5月号）。

欧州において「蓋」の役割をさせられるのがドイツであり、アジアにおける「蓋」は日本だとされているのです（戦後80年が経つ今でも）。

BRICSは発展し続けています。発展拡大する国を「小さな蓋」で抑え込もうとしても到底無理なのです。

また「日米同盟」とは、「二重の封じ込め」政策の道具だという論が成り立つかもしれません。

もう一つ、アメリカの我が国に対する戦略で重要なキーワードが「罠にかける同盟」です。

「日米同盟」とは、日本から自主防衛能力を剥奪しておくための同盟関係のことだというのです。日本の自衛隊から自主防衛能力を剥奪しておきながら、アメリカの高い兵器（ミサイル防衛システム、イージス艦、トマホーク、F-35など）を買わされています。もし日本がアメリカの意向に背くような振舞いをしたら、一瞬のうちにそれらの武器が役に立たなくなる仕組みを指します。そうなると日本は軍事政策だけでなく、外交や通商政策もアメリカのいいなりになることでしょう。

また、日米同盟の役割とは「日本に国防能力を与えないこと」であると、米国防総省で日本部長を務めていたポール・ジアラ中佐の証言は注目に値します。

「クリントン政権のアジア政策は米中関係を最重視するものであり、日米同盟は日本に独立した外交・国防政策を行う能力を与えないことが主要な任務だ」

と、伊藤貫氏に対して1994年に語られた記録が残っています（伊藤貫『中国の核戦力に日本は屈服する』／小学館新書）

この2つのアメリカの対日戦略は最低でも押さえておいてほしいのです。安全保障を口にする国会議員の中に「それ何ですか？」という人がいたら「安全保障に関わるのはこれ以上やめたほうがいいですよ」と忠告したいものです。

なぜかというと、この2つはこの30年間におけるアメリカの対日基本戦略だからです。特にアメリカのネオコン勢力が持っているビジョンです。

ちなみに、「ネオコン」とは「新保守主義（Neo Conservatism）」といわれる言葉ですが、いわゆる保守でもなんでもなく、その実態はグローバリストであり戦争屋であり武器商人の一派といっても過言ではないでしょう。ディープステートです。90年代以降、世界の戦争をリードしてきたのは彼らです。

アメリカからはよく「日本は親愛なる同盟国」であるといわれますが、扱いは未だ敗戦国のそれであることを残念ながら認めざるをえません。

●「旧敵国条項」はなぜ撤廃されないのか

皆さまは国連憲章におけるいわゆる「旧敵国条項」をご存じだと思います。

国連（国際連合）の正式の名称は「United Nations」、つまり直訳すれば「連合国」です。連合国とは第二次世界大戦で勝利した側にいた国々《アメリカ、ソ連（ロシアに継承）、中華民国（中国に継承）、イギリス、フランスなど26か国》を指します。

対して、負けた側（枢軸国）は、《日本、ドイツ、イタリアに加え、ハンガリー、ルーマニア、ブルガリア、フィンランド、タイ》などが含まれます。

「旧敵国条項」とは簡単にいえば、《第二次大戦中に敵国であった国が、将来、再度侵略行為を行うか、またはその兆しを見せた場合、安全保障理事会を通さずに軍事的制裁を行うことができる》というものです（旧敵国条項……国連憲章第53条、第77条1項b、第107条の通称）。

つまり日本が〝侵略政策を再現する行動を起こした〟とみなされれば、合法的に戦勝国であるロシアや中国やアメリカは日本を攻撃しても問題にならない、戦勝国にはその権利があるというのです。

戦後80年が経つ今、そんな状況がまだ有効性を帯びていることが信じられない方も多いとは思います。これまでも、条項の削除改定に向けての動きはあり、1995年に死文化決議もなされていますが、2024年の時点では削除改定には至っていないのが現実です。

実際に中国は国連の場で、尖閣諸島を巡る問題において「第二次世界大戦の敗戦国が戦勝国中国の領土を占領するなどもってのほかだ」（2012年9月27日／楊外務大臣／当時）などと発言したり、ロシアのラブロフ外務大臣が北方領土に関して旧敵国条項に言及したこともたびたびありました。

また、岸田首相（当時）は「必勝しゃもじ」を持ってウクライナを電撃訪問したこともありましたが（2023年3月21日）、ロシアにしてみれば交戦国への支援表明であり、挑発、戦争の兆候としてとらわれかねないわけです。

国連安全保障理事会・常任理事国であるロシアと中国が今のままの態度でいる限り、逆に言えば日本が今のままのアメリカの戦争屋の傀儡でいる限り、残念なことですが、「旧敵国条項」の削除は難しいともいえるでしょう。

こんな話を知らされたあなたは「敗戦国いじめはやめろ！　我慢も限度があるぞ！」と思われるかもしれません。「敗戦国は主権国家としては認めない」という人物がまだこの世界のどこかにいるのも事実なのです。

「保守」と名乗る者の中には、「拝米保守」と呼ばれる〝アメリカのＤＳを拝むことで自分の地位や立場を保守する〟方が大勢いらっしゃいます。それは与野党問わずです。

これからは「我々は保護国ではない」という強い意志と、「この国を守る」という揺るがない心を持つということがいかに大事か、と私は申し上げたいのです。

（なお「指揮権密約」や「旧敵国条項」については現政府のスタンスを確認するため、石破新政権に対して質問主意書を提出しました。『終戦直後から現在までの政府の外交における基本姿勢に関する質問主意書　衆議院議員　原口一博』２０２４／令和６年10月３日、第２１４回国会）。

●──戦争屋の自作自演の戦争

20世紀以後、アメリカの戦争屋が関与している戦争や紛争と名のつくものは、そのほとんどが自作自演の戦争といわれています。「偽旗作戦（False flag）」ともいわれるものです。

ベトナム戦争におけるトンキン湾事件（1964年8月）は有名な話です。北ベトナム沖のトンキン湾において、北ベトナム軍の哨戒艇が米海軍の駆逐艦に2発の魚雷を発射、それをきっかけに米国は爆撃を開始し、本格的にベトナム戦争に介入することになりました。しかし、のちに機密文書「ペンタゴン・ペーパーズ」が暴露されたことにより（1971年）、米軍によるやらせ（仕組まれたもの）だったことが判明しました。

湾岸戦争（1990〜91年）も同じでした。「イラク軍兵士がクウェートの病院から保育器に入った新生児を取り出して放置し、死に至らしめた」とする反イラクキャンペーンを謳い戦争ムードを駆り立てた「ナイラ証言」も、真っ赤な嘘でした。

アフガン戦争（2001年〜）の起因となった9・11も自作自演とされる説は根強く（トランプさんは大統領に就任したら真相を公表すると公約で述べています）、イラク戦争（2003年〜）も同じでイラクへの先制攻撃を正当化した「大量破壊兵器」は無かったのが事実です。

ウクライナ戦争（2022年〜）の起因となったオレンジ革命、ユーロマイダン革命……これらすべての仕掛け人はアメリカの戦争屋といわれています。

だからトランプ氏は、「自分が大統領になったら1日で戦争をやめさせる」と言っているわけです。戦争の要因は自国アメリカの内にいる戦争屋なのですから、そんなことも可能なのです。

そういう事情を知らないのか何なのか、岸田前首相は「NATOとの連携を新たな高みへ」といいました。誰かに言われるがままに行動しているように見えて仕方ありません。「宗主国」の主が変われば、はしごを外されてしまいかねません。超大国であり連合国であるアメリカは、方針転換も可能です。だけど日本は残念なことに、大統領が代われば付き従ったツケを払わされてしまいます。

先ほどの「旧敵国条項」も問題です。国益のためにも、国連憲章改正・旧敵国条項削除に真剣に取り組むべきでしょう。しかし、5つの常任理事国を含む国連加盟国の3分の2の賛成が必要なので、ロシアと中国からの了承が必要となります。簡単ではありません。

●――戦争屋の代理戦争で戦う国々、日本有事の危機

現代の戦争は自作自演であると同時に、代理戦争の側面を持っています。もはや「宗主国」の軍は直接戦うことはせず、兵器を送り込みます。ウクライナやイスラエルはまさにそのような形となり、そして失敗したともいえるでしょう。ドンバス、ガザ、パレスチナ、レバノン……爆撃を受けた地域はこの世のものとも思えないひどいことになっています。赤ちゃんからお年寄りまで、無差別に惨殺されています。そんな人たちに自由や人権

を語る資格はありません。これだけの惨状を目の前にしてもジェノサイドとさえ言わない（言えない）日本の政治。そういった状況から日本は早く抜ける必要があります。

ウクライナ、中東で戦争がおさまれば、それ以外で戦争屋が仕掛けるところはアジアとなる公算が高いといわれています。戦争屋は戦争をする場所を常に探しています。

「台湾有事」が起きると言っているわけではありません。私はそういう「戦争お花畑」ではありません。台湾有事は起きないと思っています。金持ち喧嘩せず。「台湾有事は日本有事」というのは戦争屋の詭弁です。なんとなればアメリカも一つの中国を支持しているからです。万が一、起こるとしたら〝日本有事〟です。日本有事を起こそうとしている人間たちがいるらしいのです。

このまま戦争屋の言いなりになっていては、日本はボロボロになります。ワクチン問題も含め、日本の安全保障はトータルに考えなければなりません。それなのに日本では右も左も「隣国を憎め」の気運が高まっています。中国、韓国、北朝鮮、ロシア……それをやり続けたらもう本当に日本は生き残れないのではないでしょうか。

しかし、主体性のない我が国の拝米傀儡政権に、真の善隣友好など望むべくもなく、傀儡と一体のマスコミも彼らが作ったシナリオに沿った情報を繰り返し流します。

同じアジア人、隣国・隣人同士をいがみ合わせて統治する「分割統治：Divide and

Rule」の単純な手法に、嵌められるのは愚かなことです。

分割統治は、大英帝国が世界に植民地を持っていた時代にも活用されていた伝統的な支配方法で、歴史を振り返ると、インド、パレスチナ（イスラエル）、アイルランド、アフリカ諸国等でも巧みに使われてきました。これに乗せられている者には繁栄も平和も訪れません。

●――防衛費は正しく使え（オスプレイは危険かつ無駄な装備品）

世界最強の米海軍第7艦隊を舞台にした汚職事件「ファット・レナード事件」が連日米メディアをにぎわせました。20年以上にわたって米海軍から数千万ドルを騙し取った〝太っちょ〟のマレーシア人・レナード氏（出入りの建設業者）が、米軍から契約を取るためさまざまな賄賂を渡していたそうです。その見返りとして、軍人は高価な贈り物を受け取り、ぜいたくな接待を受け、アジアの高額な売春婦とパーティーを楽しんでいた、とのこと。レナードは総額で３５００万ドル（約38億円）の契約を成立させていたとのことで、米軍史上最悪の贈収賄事件ともいわれています。

我が国の自衛隊は防衛省で「特別防衛監察」を設置しています。特別防衛監察とは、防衛省や自衛隊で起きた重大な不正行為や倫理違反について、客観的な解明が必要だと防衛相が判断した際に監察する制度です。そこで判明した架空発注などの事例も多いとのこと。要するに、自衛隊を〝今だけ金だけ自分だけ〟の欲望でボロボロにする輩も中にはいるのです。一方で我々はそれを正して、限りある予算を自衛隊員の方々の給与を上げ、福利厚生を厚くしたいと思っています。

例えば、自衛隊員の胸には徽章《きしょう》がたくさん付いていますね。徽章でさえも自衛隊員は自分のお金で買わなければなりませんでした。駐屯地等でのトイレットペーパーなどの生活備品を買うこともかつては自腹でした。隊員に負担までさせているにもかかわらず、無駄な高額の装備品を購入する政権を正したいと思っています。

私の地元の佐賀空港に隣接する陸上自衛隊の駐屯地に、17機ものオスプレイが配備されようとしています（2025年7月より運用開始）。度々事故を起こして未亡人製造機とまでいわれています。

オスプレイは、1機あたり約220億円します。しかも20年間の維持費がおよそ4800億円です。最大24人乗りの移送機です。アメリカでは64人も亡くなっています（2024年6月時点）。これは緊急を要する戦闘時等で亡くなった数ではなく、訓練中や移動中の事故で失われた人命です。致命的な欠陥が指摘され続けているのに、未だに運用をやめようとしないオスプレイ。「安全性に問題はない」といいながら死者数が増えていく有様は、軍人の命を軽んじているといわざるを得ません。

自衛隊のOBの方々の間でも、「現場の自衛官のことを人間と思っていないのではないか」と、とある自衛隊OBが怒りを込めて私に言いました。オスプレイは80年代に開発された機種で脆弱性を持っています。ローター（両翼のプロペラ部分）にドローンで攻撃されたらたちまち墜落してしまうという証言もあります。そんなものが220億もするのです。佐賀空港隣に建設中のオスプレイ基地の建設費まで入れたら軽く1兆円を超えると推定されています。

オスプレイを米国以外で購入している国が日本のほかにあると思いますか？　オーストラリアやカナダ、インドネシア、イスラエル、韓国など、日本以外にも多数の国が販売先の候補にあったようですが、コストが高すぎることで軒並み辞退。現時点では、日本の陸上自衛隊が17機を購入したのみだそうです。

岸田政権において、トマホークミサイルを400発買い込みました（2024年1月18日、2540億円で契約）。しかもそのうちの半分は型落ちの古いものです。主な用途は、敵基地攻撃能力や反撃能力の一環として使用することを目的としています。

ちなみにトマホークブロック1の速度はマッハ0・8といわれますが、ロシアの極超音速ミサイル・アバンガルドはマッハ27、アメリカ最新のF–15戦闘機はマッハ3です。トマホークミサイルブロック４一発の単価はおよそ２００万ドル（２億８０００万円）、それを４００発購入して、どれだけの防衛ができるというのでしょうか。

イージス・アショアという陸上のミサイル防衛システムもありました。イージス艦では常に海上にいて何かと大変だというので、アショア、つまり岸辺の陸上にミサイル迎撃システムを作るというもので、秋田と山口に配備計画がありました。〝日本全域を24時間３６５日、切れ目なく防護する〟という触れ込みでしたが、２０２０年６月に配備計画そのものが撤回を余儀なくされました。地元住民の安全性への懸念もありましたが、技術的な問題が解決できない上に、費用が膨れ上がることで、計画の実現性が失われたと判断されたのです（当初の建造費約４５００億円）。

それで、イージス・アショアはどうなったかというと、計画はなくなったわけではなく、「イージス・システム搭載艦」を作ることとなり、２０２７年と２０２８年にそれぞれ２隻分が竣工予定となっています。完成すれば世界最大のイージス艦となるようですが、建造費は当初より膨らみ２隻合計約７９００億円です。兵器の開発は日進月歩、完成した頃には時代遅れになっている可能性もあります。

このようなやり方で、本気で日本の防衛ができるのでしょうか。それはほとんど、蟷螂《とうろう》の斧といえるでしょう。岸田政権が進めた防衛費の急激な増額は※1、誰のための政策なのでしょうか。

※1　岸田政権では2022年末に、「2023年度から2027年度までの5年間で防衛費を総額約43兆円とする計画」が決定され、日本の防衛費をGDP比2％に引き上げる目標に沿ったものとされる（2024年度はGDP比1・6％）。

●──フォーリン・ミリタリー・セールス（FMS）は異常なほど過大

米政府から直接、防衛装備品を購入するシステムを「フォーリン・ミリタリー・セールス、対外有償軍事援助（以下：FMS）」[※2]といいます。

民主党政権時代（2009～2012年）には500億から600億円台であったFMSに係る予算は、第二次安倍内閣発足以後は増加傾向にあり、2019年には約7000億円と、極めて多額となりました。そして2023年の岸田内閣ではなんと一気に前年比約4倍、およそ1兆4700億円にまで増加しました。いったいどれだけ貢げばいいのでしょうか？

このことで私は国会で、岸田首相に問いただしました（2023年／令和5年6月12日「衆議院決算行政監視委員会」、令和5年11月10日「FMS調達後の合理性の検証等に関する質問主意書」）。

図表2　FMSに係る各年度の予算総額（平成20～令和5年度）

（単位：億円）

年度（和暦）	H20	H21	H22	H23	H24	H25	H26	H27	H28	H29	H30	R元	R2	R3	R4	R5
年度（西暦）	2008	2009	2010	2011	2012	2013	2014	2015	2016	2017	2018	2019	2020	2021	2022	2023
FMS予算総額	637	643	570	432	1,365	1,179	1,906	4,705	4,858	3,596	4,102	7,013	4,713	2,543	3,797	14,768

※SACO関係経費、米軍再編関係経費のうち地元負担軽減分、新たな政府専用機導入に伴う経費及び防災・減災・国土強靭化のための３か年緊急対策

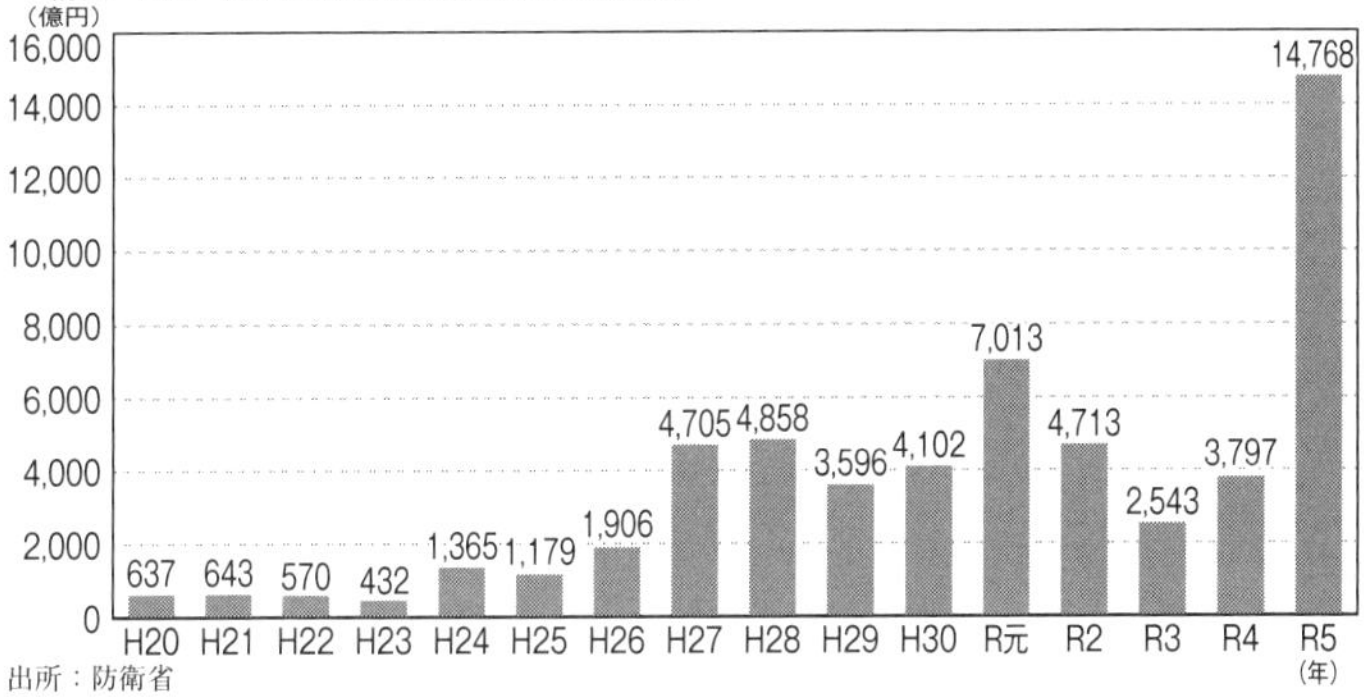

出所：防衛省

ＦＭＳの費用の支払いと商品の受け渡しは、驚くことに〝前金払いのある時渡し〟です。最悪のときは３６００億円分もいわゆる未納入・未精算が累積しており、お金を払っているのに日本に装備品が来てないというケースがこれまでにも多々ありました。

しかも、１兆４７００億円分の装備を一気に増やして、それを扱う自衛隊員の人員は追いついているのでしょうか。むしろ隊員は不足しています。モノだけ買って、自衛隊の人たちへかかる負担がまったく考慮されていないのです。

これで一番怒っているのは誰かというと自衛隊員の皆さんです。２０１５年に発注したグローバルホーク３機のうち、２機が届いたのは２０２２年12月のことです。岸田首相に

は、「改められないのか。やりすぎじゃないのか」と問いただしました。

こんな話をすると、「共産党と同じこと言っていますね」といわれますが、正しければ誰と同じだろうがいいのです。危険で役に立たない装備品を買い込んだその負担は、丸々自衛隊員が被っているのです。負担だけでなく命の危険までも。オスプレイは不当にも墜落原因をパイロットの操縦ミスにされました。アメリカでもその欠陥が追及されています。どうすれば日本の防衛審議官が「オスプレイの安全性については保証します」と言えるのか？　「アメリカに行って同じことを言ってください、紹介状は書いておきますから」と直接告げたこともありました。

防衛費をいくら上げても、日本を守るためだとかいっても、適切な装備品を購入、建造、配備する能力がなければ、国は守れません。型落ちの在庫処分につきあわされていてはなりません。

※2　フォーリン・ミリタリー・セールス（ＦＭＳ：Foreign Military Sales）……米政府（国防総省）が直接、防衛装備品などを販売する、対外有償軍事援助プログラム。「販売」であるのに日本政府は「有償援助」と表記する。価格はアメリカの言い値であり、納期はあまり守られない。

●──「日米地位協定」は改定できるのか？

「日米地位協定」[※3]は、他の国が米軍と結んでいる地位協定と比べても、日本はやはり非常に……欠陥の多い従属的な地位協定です。

私は2003年に日米地位協定の改正案を作りに着手しました。するとすぐに、「一博さんは将来、大臣になるか何になるかわからないけど、あなたのような親米の人がこんなことをしていてはさすがにいけませんね」と、ジャパン・ハンドラーと目される人に呼び出されたことがあります。「私は年を取っているけど明治の生まれではありませんよ」と変なジョークも交えて……要するに警告です。

1952年に「日米行政協定」として締結され、1960年に「日米地位協定」となって以降、全面的な改定はこれまでに一度も行われていません。

アメリカの戦争屋に戦後は支配をされ、彼らの言いなりの人間を〝保守〟として、日本人は長い間、その人たちが日本を守っていると思わされてきました。そういうある種の擬態、偽装のなかで疑問を持たないことに慣らされてきました。そのツケは非常に大きいといえるでしょう。

しかし、東西冷戦が終わりを迎え、日本の世界的な貢献、平和への貢献を考慮すれば、1990年代にその支配は終わっていても良かったはずです。

他国の領土に、よその国の軍が駐留しているということは、普通に考えれば異様な状態です。それを日本の保守は、唯々諾々《いいだくだく》として受け入れてきました。その体制にいかに上手く適応するかが、政権を長く続けさせる秘訣だという人までいます。

1991年12月にソ連が崩壊し、ベルリンの壁がなくなりました。その後の日本には、新しい安全保障の形がなければいけなかった。ところが逆に日本の自称保守政治家たちは、変わることのないまま、尻尾を巻いてアメリカの陰に引きこもってしまったのです……。

思い起こせば、当時の私は県会議員で30代前半、自民党の青年局長でした。今でも忘れもしません。湾岸戦争（1990―91年）のときに、「日本は金は出すけど血は流さない」とアメリカの戦争屋が日本への批判をねじ込んできたことがありました。それに対して自民党の諸先輩方は、右往左往したのです。

アメリカは、「ブーツ・オン・ザ・グラウンド（地上部隊を派遣せよ）」、「ショー・ザ・フラッグ（存在感を示せ）」とも言ってきました。

私は自民党本部に乗り込んで、「先輩方、情けなくないのですか、恥ずかしくないのですか」と詰め寄りました。リチャード・アーミテージ氏（ジャパン・ハンドラーで有名な海軍軍人・元国務副長官）に脅されっぱなしにみえました。

私は末次一郎先生の弟子です。末次一郎先生（1922～2001年）は、青年海外協力隊をお作りになり、沖縄返還運動を主導され、そして歴代総理のご意見番でもありました。佐賀出身の偉大な師です。北方領土返還運動にもご尽力され、小野田寛郎氏など、戦争が終わった後も南海の孤島におられた方々のお世話をされたのも末次先生です。

私はその場にいらした方々に言い放ったのです。

「先輩方、何で言い返さないのですか！　日本は非軍事の分野で、世界最大の貢献をしている国ですよ。血を流す以上のことをしているのをご存知でしょう」と。

青年海外協力隊の中には、殉職された方もおられます。怪我をされた方も数多くおられます。何が金だけ出して血を流さないんだ、です。

松下政経塾の出身で一番最初に亡くなってしまった堀本崇氏は、カンボジアのポルポト政権での虐殺で、親族や両親を亡くして身寄りのない子供たちのための学校を作っていた最中、その帰りにバイクで正面衝突事故で亡くなりました。堀本氏だけではないのです。海外で命を賭して頑張っている日本人は。

国内では「私は保守」と言い、虎の威を借る狐で強がっているけど、アメリカ政府に行ったら揉み手をして「日本に何か足りないことはございませんか」というその態度、その姿は醜くてたまりません。

本書『日本独立！』の底流には、日本人の心の奥底にたぎる強い義憤、日本への思いがあります。しかし、この怒りを怒りで終わらすのではなく、怒りは国民全体の期待、そして「祈り」に変えて、日本独立を実現しなければいけないと思っています。

※3　日米地位協定……在日米軍の法的地位や活動を規定する協定。アメリカ軍が日本に駐留する際の権利や義務を定めている。米軍やその関係者が日本国内で特別な法的扱いを受けることが保障されている。

●――日本弱体化装置

私が国会に初当選させていただいたのは1996（平成8）年ですが、驚いたことがありました。国会議員やメディアは、右か左か保守か革新かといったイデオロギー論争ばかりで疑似的な対立をやっているばかりにみえました。特に国づくりの基礎である肝心の安全保障については、ほとんど何も肝心な議論をしておらず、「国家安全基本法」さえありませんでした。

同じ敗戦国でもドイツはどうなっていたかというと、自分たちの国が攻められた時のことを考え、国家安全保障の基本法がまずあり、そして自国防衛に割く軍事的パワーに余裕があったらNATOに協力する。日本の場合は、日米で協力して対処するという「日米ガイドライン」[※4]があるのみといっても過言ではない状態でした。いったい日本の自主性はどこにあるのかと不思議でなりませんでした。

当時の私は、それはおかしいだろうということで、自民党の若手と一緒に「国家安全基本法」作成にとりかかりました。だけどその後、不幸なことに、時の政権がアメリカの戦争屋の言いなりとなり、集団的自衛権を中心としたゴタゴタも相まって、せっかく作成したその安全保障の与野党共通の土台は損なわれていきました。

安倍政権による「集団的自衛権の一部行使容認（2014年）」だけでは飽き足らず、現在の自民党は憲法をあらぬ方向に改正しようとしています。

私は大学卒業後、松下政経塾で学んでいましたが、当時、中曽根内閣のブレーンを務めていた方々にも教わっていました。正直、対米従属の論理が大嫌いでした。「なぜアメリカの言うことばかり聞くのですか。それを御用学者というのではないですか」と詰めよったこともありました。あやうく放塾されそうだったと後で聞きました。しかし、宮田塾長や周りの人たちが残してくれたのではないかと思っています。

思い起こせば私は常に、知らず知らずのうちに大隈氏みたいなことをやっていました。大隈重信侯は藩校である弘道館を、態度が悪かったために放校されているのです。私も真似したわけではありませんでしたが、高校時代は無鉄砲な振る舞いをして放校されそうだったことを思い出します。

弘道館の流れを継承する佐賀西高。その1年生だった時には、先生が月曜から金曜まで試験ばかり強いるから、「そんなに試験ばかり毎日やらされていたら、いつ勉強するのか。そんなのバカがすることだ」といって、2年生と3年生を説得に歩いて、試験廃止運動をしました。ある先生から、「あなたは455人中450番で、勉強もあまり好きではないみたいだから、佐賀西高にはいりません。もう来なくていいです」といわれたりもしました。

大隈重信侯さんは日本のためにすごい仕事を成し遂げています。私なんかそれに比べたら全然大したことがないのに、学校から来なくていいといわれたところだけ、似ています。

中曽根内閣（1982~87年）などはある意味で典型的な傀儡内閣だったのかもしれません。でもあの頃の日本は好景気で、勢いそのままにアメリカにいろんなものを買いに行き、プラザ合意（1985年）後も米国の対日貿易赤字は膨らむ一方で、日本のバブル景気はさらに勢いを増していました。

「猿をこのまま野放しにしていたら、それこそキングコングになる」「だから、猿は猿のうちにやっつけておかなければいけない」と彼らは決めたといわれています。そして導入されたのが、「日米構造協議（1989年~）」であり「消費税（1989年4月1日~）」です。

消費税は、加藤寛《ひろし》先生（1926～2013年／経済学者）をはじめとした方々がお作りになりましたが、あの方々でさえ、「これは日本弱体化装置だ」と導入当時からいわれていました。

それはそうです。付加価値に罰則をつけるというのが消費税。人件費に税という形で「罰則」をかけるというのが消費税です。

政権当時、私は総務大臣でかつ政府税調会長代行でした。税の専門の方に確かめてみました。「本当に消費税というのは間接税なのか」と。答えは「違います。直接税であり、第二法人税です」。しかも赤字の企業にもかかる税、すなわち借金をしてでも納めるという血も涙もない悪税です。

つまり、「反労働者的」な税なのです。労働者からすると賃金が下がれば下がるほど、経営者から見たら賃金が低い労働者を雇えば雇うほど、納める消費税が少ない。もっと言うと、労働者は雇わずロボット化、あるいは外注費にする。そうすれば人件費にかかる分の税が少なくて済みます。だから今、どんどん非正規雇用が増えているわけです。

この消費税というものは、弱体化装置であるとともに、日本の労働の解体装置だったのです。何が働き方改革か（※消費税の問題についてはまた第3章で触れます）。

世界では、日本だけが明らかに賃金が下がり続けています。政府は企業に賃上げをお願いするのなら、その前に消費税をなくすべきなのです。岸田内閣は資産所得倍増を謳っていましたが、一体何だったのでしょうか。皆さんの大切な預金をＮＩＳＡなどの海外投資に向かわせたかっただけではないでしょうか。

今の自民党から断末魔の声が聞こえます。裏金の人たちが居すわる中で、９人が立候補した２０２４年9月の総裁選での各人の演説は空々しく何も響きませんでした。そして、内閣発足後わずか8日（戦後最短）で解散した石破政権、２０２４年10月27日の衆議院総選挙では１９１議席の獲得に終わりました。

貰った裏金は国庫に返さなければいけないし、税金も払わなければいけません。誰ひとり返していないし、税金も払っていないという状態は異常で、いうなれば脱税です。これは自民党安倍派だけの問題ではありません。１００円のお供え物を盗んで逮捕される人がいる世の中において、５０００万円の裏金を貰っても「不記載でした」で党内の罰が降りるだけ。これが許されるわけがありません。濁った泥水をいくらかき混ぜても、濁った泥は泥なのです。

このブレブレの状態でがけっぷちの状況の石破内閣を続けさせていいはずがありません。何より新型コロナワクチンの問題では、国民がモルモットのように実験台にされているのではないかと多くの声が寄せられています。亡くなっている方の数も増え続けています。

さらなる危機も待ち構えています。ウクライナで失敗して、イスラエルでも失敗しつつある戦争屋が次に狙っているのはこのアジアです。台湾有事ではなく半島有事でもないのです。日本有事です。日本に侵入している我々の〝敵〟は、とにかく隣国を憎ませる、喧嘩をさせる、そういった戦略を仕掛け続けています。しかしその喧嘩はハリボテのやらせです。

「ディープステートの金づるがどこにあるかといえば、やはり日本だろう」と、アメリカの友人が語っていました。

例えば、新型コロナワクチンにかかった費用は、2020、21両年度の支出総額が4兆2026億円（会計検査院調べ）で、製薬会社はさぞ潤ったことでしょう。

2024年8月5日には、「植田ショック」と名が付いた株価の大暴落がありました。約60兆円という日本の国家予算に匹敵する時価総額が1日で失われたことになり、1987年のブラックマンデーを超える過去最大の下げ幅を記録しました。

しかし、善良な日本人投資家は驚き嘆き悲しみましたが、一部の外国の人はあらかじめ知っているのではなかったでしょうか？　日銀の為替介入というものは、アメリカにお伺いを立て、協調介入しなければ効果が上がらないとされています。

そしてその間、彼らは自由に売り買いのポジションを取るわけです。乱高下する中で喰い物にされていくのは、主として日本の優秀な育ち盛りの若い企業です。知的財産と企業の権利を奪われると、外資が入ってきて乗っ取られます。

まさに従属の植民地のごとく搾取される。それも、金融、教育、安全保障、外交、経済、あらゆる段階で弱体化し、しぼりとられる。

日本独立。衰退から成長に。

日本の〝弱体化装置〟を何よりもまずは破壊しないと始まらないことは明らかです。この30年間、日本は最低の成長率です。

1995年の日本は、なんと世界のGDPの17%を稼いでいました。世界にある20の大銀行のうち、10は日本でした。今はもう見る影もなく、日本のGDPはもはや5%もありません。

この状況をいい加減に止めなければいけません。衰退を止めるという人間が今の政権に誰かいますか？　だからもういらないのです。私たちが主役になって頑張らないといけないのです。日本の未来のために。

※4　日米防衛協力のための指針（日米ガイドライン）……日本が他国に攻撃された時や周辺国有事の際における、自衛隊と米軍の役割分担を定めた指針。1978年策定。2015年に改定され、尖閣諸島を念頭においた離島防衛での協力等が新たに盛り込まれた。

第3章

独立国として生きるための戦略

① 消費税廃止とグローバルマネー遮断

●──「日本再興」を阻害する消費税

日本がグローバリスト支配を脱し、独立国として生きるための戦略について、各分野で論じてみたいと思います。

実質的に日本が再興する方法とは何か？　衰退した日本がいかに成長できるようになれるか？　日本はもはや沈みゆく船のようなものですので、一刻の猶予も許されません。早々に手を打たなければなりません。

2章でも少し述べましたが、消費税は「日本弱体化装置」そのものです。

日本の経済がこの30年間衰退してきた要因は、１９８９年に初めて３％で導入され、その後段階的に引き上げられ、２０２０年には10％に達した消費税にあると断言できます。

多くの経済学者も、良識ある国会議員も、政権与党以外のいくつかの政党も、そしてゆうこく連合も、消費税こそが日本経済の復興、回復、成長を阻害していると主張しています。

特に、経済に占める消費の割合が高い日本経済においては、消費の抑制が経済全体の停滞に直結するため、増税傾向にある消費税が成長を阻害する大きな要因となっていることは紛れもない事実といえるのではないでしょうか。

消費税がいかに日本弱体化装置であり、実際に多くの国民を苦しめ、企業、特に労働者を苦しめているか。消費税が上がれば、物価も上がり、物価が上がれば、財布のひもは固くなることは、誰しもがわかります。

そして何より、付加価値に罰則をつける「付加価値税」というものが消費税の本質であることに気づかなければなりません。

そこで、企業や事業主は、自分が払う消費税を減らそうとするためにどうするかというと、人件費のコストを削減します。正社員を個人事業主にしたり、派遣などの非正規雇用にしたりして、消費税をできるだけ少なく払おうとするわけです。

これが、消費税の〝反労働者性〟です。消費税の影響で賃金が大きく下落するのは当たり前のことなのです。まさに、労働者いじめの最たるものが消費税ともいえるでしょう（消費税は消費者が納めている税＝間接税と思われがちですが、実際はそうではなく、商品やサービスを生み出す事業者が支払う税＝直接税です。消費者に納税義務があるわけではありません（消費税法第五条）。企業は人件費の経費として消費税込みの外注費として支払うことができれば、その分の消費税は納めなくともよくなります）。

経営者から見たら賃金が低い労働者を雇うほど、納める消費税は少ないといえます。非正規雇用が増えている要因は、実は消費税にあるのではないでしょうか。消費税は労働を不安定にする要因です。消費税は消費者が支払う間接税ではなく、赤字企業にもかかる「第二法人税」であるともいえるのです。消費税の減税は、法人税の減税と同等の意味があります。

以前私は、国会の財務金融委員会で「税は応納負担が原則である」と発言したことがあります。多くの方々はポカーンとして理解されていませんでしたが、つまり、「税というものは、税を払える人が多く払うものだ」ということです。払えない人から無理やり税を取っては駄目です。

社会的にも経済的にも弱い立場の人たちに過重な負担を強いて、それを財源に社会保障をまかなうなど、あってはならないことです。それはまるで、「貧しい人をさらに貧しくしておいて、さぁみんなで救いましょう」といった血も涙もない無慈悲な存在そのものなのです。税の基本は「富める者から、貧しき者への分配」です。

「消費税は社会保障をまかなうために必要だ」ともよく言われます。「消費税をゼロにすることは無責任極まりない」と言う非常に不勉強な国会議員は何人もいるのですが、まずこのことがわからない。または、わかろうとしない。反労働者の税制で社会保障をまかなうことは矛盾しています。本当に愚の骨頂です。

２０２４年10月１日に組閣された石破内閣においては、15％に増税するという話も噂されています。財務大臣と総務大臣が税を決めるのですが、バリバリの緊縮財政派です。そういう人たちは私と違って、財源は税からしか取れないと思い込んでいます。

しかし石破政権だけではありません。立憲民主党をはじめとした野党にも、〝ザイム真理教〟に魂を奪われた増税論者はたくさんいます。何が憎くて庶民に負担を押し付け日本の衰退を加速しようとするのでしょうか。

ここ数年の新型コロナウイルス・プランデミックの間に、どれだけ多くの人たちが雇用を失ったか。それは、外出関連４業種（宿泊業、飲食店、その他生活関連サービス、娯楽業）にも如実に現れており、なかでも非正規雇用が調整弁になっていることがはっきりしています。特に非正規の女性が雇用の調整弁にされるなど大変な不利益を被ったのです。

私たちのゆうこく連合には若い女性が多いです。この方たちは自公政権により最も虐げられている層といえます。２０２４年10月の衆議院総選挙、あるいはその前に行われた自民党総裁選や立憲民主党の代表選で候補者が訴えていたことがまったく心に響かないのは当たり前なのです。政権与党は誰も消費税減税について触れないわけですから。

消費税をなくす方向に進まないと、経済は安定せず、社会も消費生活も安定しない。そうなると子どもを生み育てている場合ではありませんから、若い世代は結婚することも躊躇してしまいます。少子化の要因も消費税にあるといえます。

日本のGDPが伸びないのも同じです。付加価値に罰則を与えるのが消費税です。GDPとは、その国の国民が生む価値の総体です。衰退著しい日本。今が瀬戸際です。

消費税から派生する日本経済の仕組みを理解しなければ、グローバリスト支配から抜けることはできないでしょう。

●――労働者は「3つの分断」と戦いなさい

先日、連合秋田（日本労働組合総連合会秋田県連合会）の皆さんにお招きいただき、「責任ある積極財政とは。労働者虐め税制である消費税の本質を見極めよ」というテーマで講演をして参りました（2024年9月3日）。元総務大臣として、また、政府の税調会長代行の経験を踏まえたお話をしました。

あれは2007年でした。私が『平和』（ゴマブックス）という本を書いた頃、まだ民主党が政権交代をする前の時のことです。連合の顧問であったロナルド・ドーア先生※1が、突然私の議員会館の部屋にお見えになったことがありました。その頃の私は「公共サービス基本法」などの法律を作っていましたから、先生は私が人間の尊厳や人権を尊重する者だったこともご存じだったと思います。

そのとき、ドーア先生がおっしゃった「3つの分断と戦いなさい」という話をよく覚えています。それは私への宿題であり、先生からの遺言ともいえるものでした。

一つは、「労働者と政治の分断」です。

つまり人間の尊厳を保障するためには、労働者の権利、労働者の尊厳、人権を守らなければいけない、ということです。ドーア先生のご著書である『働くということ、グローバル化と労働の新しい意味』（中公新書）でも学ぶことができます。

グローバリズムで世界の労働者は追い立てられました。今ヨーロッパもアメリカも、難民問題、不法移民に苦しんでいます。

移民難民問題とは、西洋諸国がグローバルマネーで他国へ手を伸ばし、貪《むさぼ》り、その国々の人々が真っ当に生きていられないようにしたその反動です。まさに自業自得といえば自業自得ですが、そういった理由により自国の労働者が追い立てられたことがあるのです。だからこそ労働者と政治との分断を絶対に招いてはなりません……というのが、ドーア先生からの第1の提案でした。

その頃、「連合」[※2]は、自民党の真正面に立っていたこともあり、大きな攻撃を受けていました。連合ダサい、連合役に立たない、連合何言ってるかわからない etc.……連合の組織率は実に5分の1というぐらい落ちていました。私は連合結成に尽力された宮田義二《よしじ》氏や、鷲尾悦也氏（3代会長）、笹森清氏（4代会長）、古賀伸明氏（6代会長）に育てられました。宮田義二氏は、後の松下政経塾塾長であり、鷲尾悦也氏も政経塾ではお世話になりました。古賀伸明氏は同じ全松下労働組合連合会会長から連合会長になられた方で、よく可愛がっていただきました。

私は、経営の神様である松下幸之助先生の弟子であり、同じく神様といわれた稲盛和夫塾長の弟子ですが、彼らは数ある経営者のなかでも労働運動や労働組合を大事にした経営者です。だから私もそういった立場から活動をしてきました。

出身が自民党なので、当初は連合や労働組合の組織にはあまりなじめませんでした。応援してくれる人は、最初は笑顔で迎えてくれます。でも現地に行くと、皆さん表情が硬い。「こいつは何しに来たのだろう」という反応です。でも今は違います。もう20年以上も一緒にやってきて、本当に仲間中の仲間、同志中の同志となっています。自分の時間を犠牲にしてまで労働運動のために我が身を捧げている人たちは、本当に尊いと思っています。

しかし彼らの実態を知らない人たちは、労働運動と政治の分断を仕掛けてくるのです。

2つめの分断は、「官で働く人と、民で働く人の分断」です。

これは連合の永遠の課題でもあります。官と民はいがみあわず、支え合わなくてはなりません。私もよく例えでいうのですが、〝沈む船のなかの椅子取りゲーム〟に参加してはグローバリストたちの思う壺なのです。

というのもそれまでの労働運動は、まさに他国のグローバリスト、戦争屋、ジャパン・ハンドラーズたちにより分断され操られていたわけです。1960年代のCIAの機密文書を見ると、彼らは自民党にお金を出しているだけではなく、当時の社会党にもお金を出していたことがわかります。いわゆる55年体制の種明かしとでもいいましょうか、驚くべき事実です。

圧倒的な外国勢力から分断された日本は、労働運動の分断とともに、社会党も分断され、そのなかから右派が出ていき、民社党が結成されたとされています（1960年）。私は民社党の闘士に育てられましたからよく知っているのですが、彼らが国を売った人だとはとても思えません。その逆で真の愛国者です。ただ、右と左の分断の力が働くなかで、分かれざるを得なかったということでしょう。

このような隠された歴史の真実を知ることは、グローバリスト支配からの脱却に必要なことです。

3つ目は、「正規雇用と非正規雇用の分断」です。

納める消費税を減らすために経営者が非正規雇用を増やしていることは、前節で述べたとおりです。

そして今また、さらに問題となっているのが、「同一労働・同一賃金・同一税制」でなければいけないはずなのに、それが破られてしまっていることです。

「同一労働・同一賃金」とは、同じ仕事に対して、正規・非正規にかかわらず同じ賃金を支払うべきという考えで、連合もそれを目指しています。しかし、「同一税制」については、消費税を認めているうちは目指していないと言わざるを得ないでしょう。同一税制とは、正規、非正規、フリーランスなどが同様の収入を得た場合、全員が同じ税制の適用を受けるべきであるとするものです。

雇用の働き方の違いや男女により《大きな格差》が生まれることで、分断が生まれてしまっています。雇用の不安定化や経済的不平等の要因となっているのです。

だから私のゆうこく連合では「ゆうこく連合非正規労働者支部」という部門を立ち上げたいと思っています。不安定な労働によって搾取されている人たちの声を吸い上げてほしいのです。

大事なことなのでもう一度述べます。消費税は事業者が払う「直接税」、赤字企業にもかかる「第二法人税」であり、主に人件費にかかる「付加価値税」であるため、**【反労働者性】**を持つ悪税です。

労働組合の方々は、賃上げを阻害している要因は消費税であることに、気づいて声を上げ始めています。

※1　ロナルド・フィリップ・ドーア……（1925～2018年）社会学者。ロンドン大学名誉教授。知日派。日本語も堪能で日本での著書も多数。

※2　連合……日本労働組合総連合会。全国の労働組合をまとめる組織。組合員は約700万人。経営側の経団連が自民党を支援するのに対し、労働者側の連合は立民、国民民主両党の最大の支援組織。会長は芳野友子氏（2021～現職）。

●プーチン・ロシアの再建を参考に

本書の2章で「密約」や「二重封じ込め政策」のお話をしました。さらには、外交安全保障からエネルギー、教育、そして農業、食糧、経済産業政策、日本のあらゆる分野にグローバリスト支配が存在し、その鎖ががんじがらめにもつれているのが、今の日本です。

ついこの間まで多くの国会議員はこの状況やグローバリストに対して、認識が不足していました。私がこういうことを毎朝のネットの配信で言うと、皆さんは「原口さん、命を大事にしてください」というわけです。でもそれってどう考えたっておかしいでしょう。健全な社会とはいえません。しかし今は違います。ゆうこく連合に賛同する仲間が増えてきました。

では、どうやってグローバル支配を脱していけばいいのか？

一つの大きなヒントは、２０２２年２月の、ウクライナ侵攻で制裁を受けたロシアにあると私は考えています。

それは何かというと、彼らは当時、「ＳＷＩＦＴ（スイフト）」[※3]という世界の決済システムから追い出されました。そのとき私は西側諸国の一員である国会議員として言いました。「柔道が得意なプーチンさんに、まんまと返し技の巴《ともえ》投げを決められますよ」と。実際にその後、その通りになりました。

ロシアはＳＷＩＦＴから追い出された反動もあり、ＢＲＩＣＳマネーにスムーズにシフトすることができました。

ちょうど時を同じくして、アメリカのバイデン政権の非礼な対応により、サウジアラビアの皇太子であり首相でもあるムハンマド・ビン・サルマーン（ＭＢＳ）氏はバイデン政権と距離を置くようになりました。中東一の親米国サウジアラビアは、イランと和解をしました。サウジとイランの和解は今世紀最大の和解となりました。なお、この和解を仲介したのは中国です。中東の盟主は世界の盟主への階段を昇り始めています。

そしてなんと２０２３年には、ＢＲＩＣＳのＧＤＰがＧ７のそれを抜くというところまで成長し、２０２４年に入るとＢＲＩＣＳプラスという形となり加盟国は増加の一途、現在もさらに拡大を続けています。

このロシアのグローバルマネーからの解放は、西側にしてみれば経済制裁の一環として行われたことですが、ロシアは今まさにグローバルマネーから抜けていく過程にあり、タイミング的にもプラスに働いたのです。

ソ連が崩壊した後、ロシアは塗炭《とたん》の苦しみを味わっています。共産主義を脱し、自由社会、資本主義社会に入りさまざまなものが還元されるかと思ったら、彼らを待ち受けていたのは、西側のグローバルマネーの洗礼でした。

国内の公共物が私物化、売却され、いわゆる「オリガルヒ」[※4]と呼ばれている者たちに食い散らされていったのです。１９９０年代、ソ連の解体過程においては、ロシア人の平均寿命は10歳落ちたといわれています。それぐらい搾取が過酷だったのです。

その後プーチン大統領が就任すると（２０００年3月）、ロシアの再興のため、反ロシア的態度を取るグローバリストのオリガルヒたちを締め上げ、ロシア第一の愛国者を中心に国の再建をはかりました。

※3　SWIFT（スイフト）……国際銀行間通信協会。国際銀行間の送金や決済に利用される安全なネットワーク等を提供する非営利法人。本部はベルギーにある。

※4　オリガルヒ……ロシアの新興財閥・グローバル企業・資本家のこと。天然資源と基幹産業を握り欧米の企業とも連携しエリツィン政権を支えたが、プーチン政権では締め付けられた。
《主要人物》ベルゾフスキー（メディア・自動車）／グシンスキー（メディア・金融）／アブラモビッチ（石油）／ホドロコフスキー（石油）／アベン（金融）／フリードマン（金融）※主にユダヤ系ロシア人

●グローバルマネーとエネルギー支配体制からの脱却

日本時間の2024年9月18日、アメリカの中央銀行であるFRBのFOMC（米連邦公開市場委員会）が、長期金利を0・50％にする大幅利下げを発表しました。翌日にも日銀の発表がありましたが、日本銀行は、ブラックアウト期間（金融政策の実施前数日は外部に対して発言してはいけないというルール）を設けていません。

為替介入する際にもお伺いを立てなければなりません。日銀が実行する為替政策は、日本人よりもアメリカ人が早く知ることになるという人もいます。

もちろんアメリカの一般的な人々のことではなく、FRBなどの当局はすべて知っているということです。いち早く知れば何が起きるかというと、この1分1秒または秒単位で動いているといわれる世界の金融のなかで、どれだけそれが大きなアドバンテージがあるかは、火を見るよりも明らかです。

そういうドルが支配する体制から、ロシアは抜けることができたのです。今までペトロダラー（オイルマネー）としてドル決済されてきた石油に対して、もうドルを用意する必要がなくなりました。ＢＲＩＣＳにサウジをはじめとした中東諸国が加盟することで、石油売買は自国通貨で決済ができる。そうすることで、米国が意図的に金利を上げたり、米国債を買わせたり、決済通貨としてのアドバンテージをフルに活かして支配している体制から、脱出することができたのです。

米国の世界ドル通貨覇権の背景には、米国の経済力や軍事力とともに、このペトロダラー体制が幅を利かせてきた一面もあるのです。

ただ、ロシアにあって日本にはないものがあるでしょう。石油や食料などのコモディティを自分たちが大量に保有している、ということです。

小泉構造改革（２００１年〜／聖域なき構造改革）は民営化といわれますが、どちらかといえば私物化でした。それから橋本行政改革（１９９６年〜／６つの改革）もまさに日本の弱体化でした。大店《だいてん》立地法（大規模小売店舗立地法）で地方商店街をいじめ、ガット・ウルグアイ・ラウンドで農業を弱らせ……つまり、我々が生きていく上で大事な食糧、そしてエネルギーを押さえられてきました。それに加えて、日本の金融も押さえられっ放しですから、外圧により入れられたものにより、更に弱くなる状態なのです。

世界の大手国際石油会社の勢力図も様変わりし、2000年代以降、新興国の目覚ましい成長を背景に「ニュー・セブン・シスターズ」と呼ばれる原油・ガス生産7企業が台頭しています。

PDVSA（ベネズエラ）、イラン国営石油（NIOC）、ガスプロム（ロシア）、サウジアラムコ（サウジアラビア）、ペトロチャイナ（中国/CNPC）、ペトロナス（マレーシア）、ペトロブラス（ブラジル）の7社です。

これらの石油会社は、各国政府の所有・管理下にあり、国家がエネルギー資源を直接管理するため、自国内の豊富な石油・天然ガス資源を利用し、世界市場に多大なる影響を与え始めています。かつての西側メジャーに代わり、エネルギー市場の構造を変え、エネルギーの供給と価格調整において中心的な役割を担うようになっているのです。

この変化は、まさにグローバルサウスの国々の勢いそのまま、新しいコモディティの流れ、世界の主権が移っていく、世界のエネルギー市場の多極化を象徴しているのではないでしょうか。

ここには本来、親日国がたくさんあるにもかかわらず、アメリカに言われてそこから手を引く、あるいはそこと敵対するといったことは、愚かの極みであると思わずにいられません。

「政府系ファンド」を創設する

第1章でも少し触れましたが、税だけが国家の財源ではないということでは、「政府系ファンド（ソブリン・ウエルス・ファンド／SWF）」が注目を集めています。国家の金融資産を国家が保有・運営する投資ファンドのことです。

政府が外貨準備や石油や天然ガスによる国家資産を元に設立し、さまざまな金融資産（株式、不動産、債券、インフラ投資等）に投資して、国家の長期的な財政安定と成長を図る目的で運営されています。

サウジアラビアの「PIF」をはじめ、アラブ首長国連邦の「ADIA」、ノルウェーの「GPF」、中国の「SAFE」、シンガポールの「GIC」等が世界トップクラスの資金力があります。

現在のところ、西側諸国で政府系ファンドを大々的に力を入れて進めている国は、まだあまり多くはありませんが、先日ついにトランプ氏が「アメリカでも政府系ファンドを創設する」と政策発表をしていました（2024年9月5日）。関税で得た資金を運用するとのプランで、「すべての国民の利益のための偉大な取り組みに投資する」と語りました。

私は、消費税を減税、または廃止する代わりに、日本でも政府ファンドを立ち上げるべきであると考えています。国民から税金を取るのではなく、できるだけ低税率、あるいは無税の方向に持っていく方が国は豊かになり成長するのです。これは松下幸之助さんもおっしゃっている考えです。

サウジアラビアの「PIF（パブリック・インベストメント・ファンド）」※5は、石油収入依存からの脱却を進めているなかで、特にエンターテインメント業界を育成していく方針があるようです。日本のゲーム会社にもかなりの投資をしており、任天堂の株式の約8％を持っている大株主でもあります。

PIFの会長を務めるムハンマド・ビン・サルマーン（MBS）皇太子（首相）は、日本人以上に日本発のゲームやアニメといった産業に関心があるとおっしゃっています。

日本のクリエーターは、2023年度より始まったインボイス制度の影響もあり、消費税でますますむしり取られて、収入が下がっているのが現状です。

サウジアラビアは発想が真逆です。ゲーム、アニメ、漫画、AI、メタバースといった成長産業のクリエーターを世界中からサウジに呼び寄せ、経済特区を作り、彼らを無税とし、サウジアラビアを次世代エンターテインメントの発信基地にしようとまで考えているのです。

しかし、本当は日本が率先してサウジアラビアのような投資をしなければいけないのではないでしょうか。ゲームやアニメなどのコンテンツ産業の世界最先端は日本です。このままでは、日本の宝が海外に引き抜かれていってしまうことでしょう。

※5　PIF（パブリック・インベストメント・ファンド）……ムハンマド・ビン・サルマーン（MBS）王太子（兼首相）が会長を務めるサウジアラビアの政府系ファンド。資産規模は7650億ドル（約111兆円／2023年度）で世界6位。

② 新しい政治を行う前に「情報開示」

●「情報開示」と「財政主権」

私がここ数年で心配していることの一つに、官僚（各省庁の役人）の人々の動きの弱さというものがあります。活気がないというか士気が落ちて、システム自体が、メルトダウンしているような感じがして仕方がありません。強さ、逞しさが感じられず、人の目や評価ばかりを気にする「ヒラメ型ゾンビ」（上の顔色ばかりをうかがう）が増えてしまった印象です。

というのは、小泉内閣の頃（2001年〜）から役所の人事に政治がたびたび口を突っ込むようになり、安倍内閣と菅官房長官のコンビは、内閣人事局を使った官邸主導の政治手法を取り始めました。その影響は色濃く残り、未だ大混乱を引きずったまま、省庁はまるで廃墟のようにエネルギーがなくなってしまった感じさえしているのです。

かつての日本は良きにつけ悪しきにつけ、気鋭の幹部職員のような人物が上から下まであちこちにいて、その人たちが日本を動かしていました。そういった方々がいなくなってしまい、その後誰も主導権を取れないままに、右往左往しているように見えます。

小泉政権の頃はまだ役所を強力な道具として、適材適所で上手く使っていたようにも思います。同時に財界もまだ元気が良く、それなりにお互い協力もしていたと思いますが、今はそれが少なくなったように思います。

おそらくそれはアメリカも同じです。アメリカの連邦政府もすでにガタガタなのだという話も耳にします。民主党政権で「バイデンが〜、ハリスが〜」とかいっても、結局そのスタッフである役所が上手く機能していないようにも思います。

この状況を打開する現実的な政策というのは、ズバリ《情報開示》だと思っています。とにかく一旦けじめをつけないと、何も前に進みません。今までの日本の悪い部分、隠されてきた部分を清算してけじめをつけましょう、ということです。その筆頭がｍＲＮＡワクチンであり、裏金問題であり、米国との密約であり、それから戦争体制に突っ走るかのような異常な防衛費の増強等も挙げられます。

小泉内閣ではイラクに自衛隊を派遣しました。あれは憲法違反の疑いが濃いと思っていますが、そういうところから、「あの時、日本ではいったい何が起きていたのか」ということを、一つひとつ可能な限り明らかにしていくのです。骨の折れる作業かもしれませんが、前へ進むために必要なことではないでしょうか。

それからもう一つ大事な点は「日本の財政主権」はどこにあるのか……ということもはっきりしておきたいと思っています。

第2次安倍内閣の頃（2012年〜）から、アメリカの中古の兵器をFMSでたくさん買うようにもなりました。ああいうお金の行方は非常に不透明でブラックボックスといっても言い過ぎではないでしょう。政権交代により刷新チームをつくり、全部明らかにしたいと思います。

役所の人々も本当は国の繁栄ために、しっかりと充実した仕事がしたいと思っているはずです。何の指導権もない、誰の主導権もない、完全に腑抜けとなって、時間だけが過ぎ穏便に物事を先送りにし定年を待つ……そんな危うささえ感じます。せっかく国のために働いているというのに、もったいないことです。

かつて福島の東京電力の原発事故の時に、国の調査委員会ができました。東海大学の黒川清先生が委員長として旗を振ってご活躍されました（東京電力福島原子力発電所事故調査委員会）。あのような委員会設置による報告書作成はとても良かったことと思っています。

業界外の人物が調査をやらないと、本当のことを言えないということもたくさんあります。自民党の裏金問題も、ｍＲＮＡワクチン（遺伝子製剤）の問題も、部外者が調査報告しないと正しい成果は上がらないのではないでしょうか。現在の検察や厚労省に付属するさまざまな審議会や委員会は、部外者ではなく身内です。

トランプ氏も「私がホワイトハウスに戻ったら、大手製薬会社に買収されていない独立した専門家からなる《大統領特別委員会》を設置し、慢性疾患の何十年にもわたる増加の原因を調査するよう命じます」と、公約で発表しています。

新しい政治を行う際の基本は、【情報開示】がまずは必須ということです。「本当のことはこうなんですよ」ということを、はじめに国民に徹底的に周知することです。そしてマスメディアはそれをしっかり伝えることです。２度とまた暗黒の時代に戻らないようにしなければなりません。

アメリカとの関係のなかで裏事情が隠されているなら、それもまた公にしなければなりません。もういい加減、情報は全部出さなければいけないと思います。

情報開示をしっかりやれば、役所も心ある国民も、皆で協力ができます。

もう一回国民の間で正しい情報を共有して、戦後80年のスタートラインに立ちましょう。それを見て、各自ご意見もあるでしょう。意見を出し合いながら道を探っていく、新しい日出る国、日本再興へのステップです。

アメリカからも、今後新たな情報がどんどんと出てくるでしょう。それも受けながらと同時に、我が国の遺伝子製剤についても情報開示していかなくてはなりません。もうこれは本当に実際問題、健康被害が拡大しているのですから。

●――アメリカが変われば日本も変わる

米大統領選挙が近づいています。ディープステートと戦う勢力が勝てば、アメリカの政治や社会情勢は大きく変わっていくことでしょう。

ワクチンや新型コロナの問題に関しては、ロバート・F・ケネディ・ジュニア氏が担当するでしょうから、徹底的に責任追及していくことでしょう。

アメリカの場合、裁判というと、「軍事」「刑事」「民事」の3つがあります。生物兵器などの疑惑があれば「軍事裁判」のケースもあるでしょう。国と企業が絡めば「刑事裁判」、一般人のワクチン被害等で賠償金の問題になれば「民事裁判」という形です。

史上最大の薬害事件となれば、当然、いろんなものが吹っ飛びますし、あらたな情報も相当に出てくると思います。

もうすでにケネディさんは2023年末に、本を出しています。『The Wuhan Cover-Up』というタイトルのものです（2023年12月米国で発売。未邦訳）。日本語のタイトルを付けるならば『武漢隠蔽工作』といったところでしょうか。新型コロナとワクチンに関する一冊です。

その初めの方には、戦時中の日本の731部隊[※6]のことも書かれてあります。どういう文脈で出てくるのかといえば、「今回のコロナ騒動で、医者の倫理がなぜひっくり返っていたのか？」「人の命を犠牲にして研究をするなんて、どうしてそんな倫理の倒錯が起きていたのか？」「その答えは731部隊にあった」ということなのです。

医者がモラルを捨てて人体実験と産業レベルの生物兵器研究開発に大々的に取り組んだのが日本の731部隊であり、戦後米国は関係者を免責して多額の金を支払って実験成果を手にし、その後の米国の生物兵器研究立ち上げの基礎にしていきました。今のファウチ氏が昔の石井四郎（731部隊のトップ）であり、学会からも尊敬されていた……という論調なのです。

ですからアメリカの新政権からも必ず何か、重要な情報とともに、深刻な話を日本にしてくると思います。それらを冷静に受け止めて、我々も自ら身を正すことは大変重要なことだと思います。

アメリカが変わることで、我が日本にも変わるチャンスが到来します。しかし、アメリカの変化を願っていては、日本は浮上しません。日本は日本人自らの手で変えてこそ本物となるのです。

※6　731部隊……大日本帝国陸軍に存在した研究機関の一つ。石井機関と呼ばれた。生物兵器（細菌兵器）の研究・開発を行っていた。

③日本救世／遺伝子製剤の惨禍から国民を守る

●——すべては計画された「プランデミック」？

トランプ大統領が地滑り的勝利をおさめ、ロバート・ケネディ・ジュニア氏がワクチンの真実を追求しているアメリカ。

そのアメリカでは、新型コロナウイルスは人工物であり、計画されたものであるということ。そしてそれに対応したワクチンは、製薬会社によりあらかじめ作られたものであるということ。これらは疑念から確信に変わりつつあるようです。

アメリカの非営利ジャーナリズム組織「プロジェクト・ヴェリタス」によれば、「変異した新型コロナウイルスは、《ゲイン・オブ・ファンクション／機能獲得研究》でつくられたものだった」という告発をしています。発表されたファイザー社の研究開発ディレクターが内部告発した動画は、Xで1000万回以上再生され、世界中に拡散されました

図表3　日本の死亡者数推移（年次別／月次別／1日あたり別）

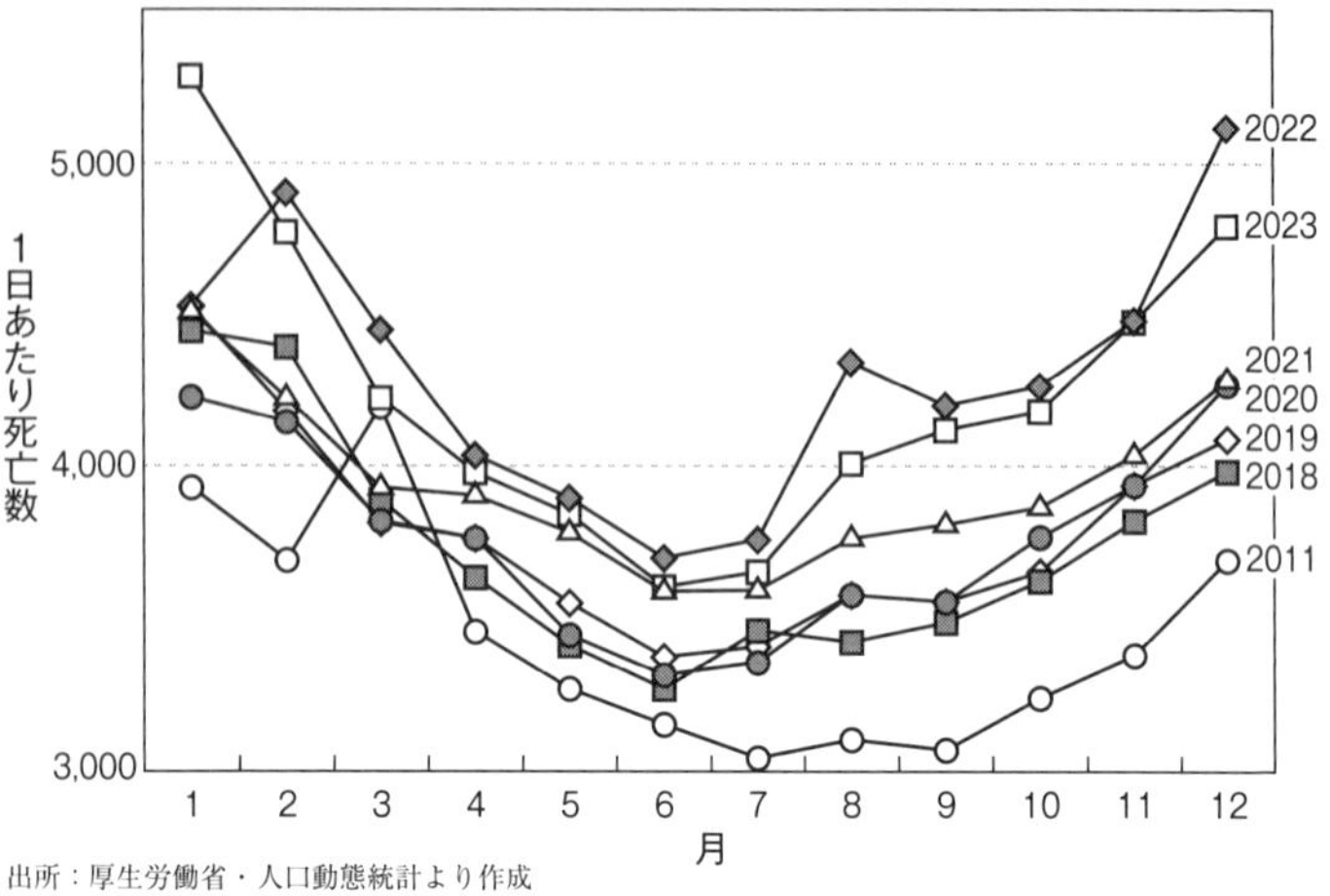

出所：厚生労働省・人口動態統計より作成

（YouTubeは即BAN）。

つまり、ウイルスが世に出現してからワクチンを開発していては間に合わないため（競合にも負けてしまう）、ファイザーは事前に変異したウイルスを創作し、それに対応するワクチンをあらかじめ用意しておくことを、実際に行っていることが判明したとされています。

このことの詳細は、自著『プランデミック戦争　作られたパンデミック（悪性リンパ腫との闘いを超えて）』（青林堂／2024年10月発売）に譲りますが、この世界は〝プランデミック戦争〟状態にあるといっていいでしょう。

そして、日本です。2024年の夏までにワクチンを6回も7回も打っている国は日本のほかにありません。突然死、後遺症も増え続けており、【超過死亡者数の激増】が問題となっています。

「超過死亡」とは、ある時期の本来想定されている死亡者数よりも増えた数のことをいいますが、ワクチン接種後の時期の死亡者数が異様な増加数を表したデータがあるにもかかわらず（2022年、2023年の明らかな増加 ※図表3参照）、政府、厚労省はそれを認めていません。

なお、2023年の日本の年間死者数は158万人。戦争末期の1945年が215万人でしたが、それに次ぐ史上第2位の死者数です。

また実際に、厚労省が認定した新型コロナワクチンの死亡数、後遺症者数は、2024年10月7日版では、死亡認定者数が867名。後遺症認定者数が8226名となり増え続ける一方です[※7]。この数は、過去45年間のあらゆるワクチン被害を軽く超えている[※8]、まさにほとんど生物兵器まがいの薬害であり、大被害と言って良いのではないでしょうか。

※7　厚生労働省「新型コロナウイルス感染症予防接種 健康被害審査部会」による認定者数
https://www.mhlw.go.jp/stf/shingi/shingi-shippei_127696_00006.html
◉死亡認定：867件／後遺症認定：8226件（2024年10月7日付）

※8　過去45年間の全ワクチンの被害……死亡認定151件、後遺症認定3522件（サンテレビニュース／2023年9月6日）

●――新型コロナワクチン（遺伝子製剤）は効くかどうかもわからない？

しかし、よく考えてもみてください。この新型コロナワクチンという名の遺伝子製剤を人々は〝ワクチン〟と呼んでいますが、これは正しいのでしょうか。なぜならワクチンとしての効果がいまだに明確には確認できていないからです（ワクチン＝病原体に対して免疫をつけるための薬剤）。

私は、2024年1月の国会で、「新型コロナワクチンの有効性についてデータや証拠を示せ」といった内容の質問主意書を提出しました。※9 ワクチンが提供されてもう3年が経とうとしていましたから、3年分のデータが蓄積されているはずです。

しかし回答は「只今情報収集中」といったものでした。

また、有効性に関しての返答もなく「発症予防効果への寄与も〝期待される〟」ものだからというものでした。実績データを示すことなく、期待だけで存在している。

むしろ、「ワクチンを打てば打つほど新型コロナに感染しやすくなる（免疫力が落ちるため）」というデータがいくつもの査読済み論文で論証されています。

ワクチン問題では、「感染予防効果」あるいは「重症化予防効果」に関してもずっとゴールポストを動かされ続けて、回答を先送りにしているのが自公政権です。

他の国はもう2年も前（2022年）に、この遺伝子製剤を打つのをやめています。

逆にワクチンを打つことで、免疫に異常が発生することが懸念されてきました。とするなら、それをワクチンと呼んではならないのではないでしょうか。2年前に打ったワクチンの影響で心筋炎等になって突然死、もしくはさまざまな後遺症[※10]で、塗炭の苦しみを味わっているとの報告がたくさん上がっています。

間質性肺炎、重度の倦怠感や疲労感、あるいは私のように悪性リンパ腫（血液のがん）、など、体の免疫システムが狂ってしまって、本来対応するはずの免疫システムも阻害してしまうことへの懸念が高まっています。

※9 「新型コロナワクチン接種に用いられるRNAワクチンの安全性及び有効性に関する質問主意書」（第213回国会 2024／令和6年1月26日 原口一博提出）

※10 新型コロナワクチンの後遺症……数年かかって心筋炎を発症する方もいれば、血管障害（血栓）、心膜炎、月経異常、頭痛、胸痛、息苦しさ、倦怠感、疲労感、集中力低下、思考力低下、記憶力低下……などさまざまな症状が確認されている。詳しくは自著『プランデミック戦争 作られたパンデミック（悪性リンパ腫との闘いを超えて）』第4章をご参照ください。

ワクチン突然死と後遺症の実態

2024年10月より、新型コロナワクチンの定期接種が日本で始まりました。

図表4　2025年度の新型コロナワクチン接種の助成金スキーム

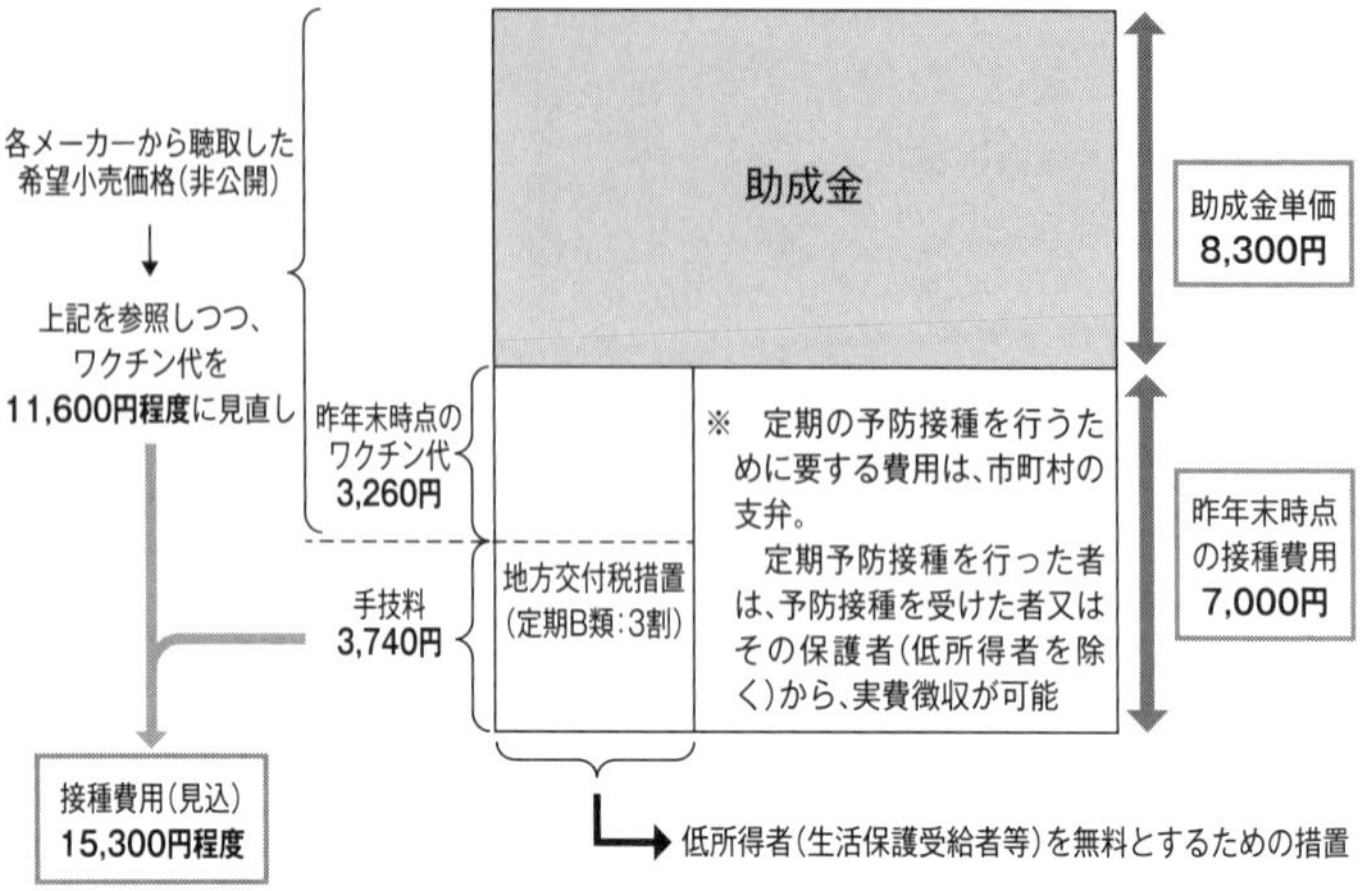

図表5　助成金支給事務手続きのフロー図

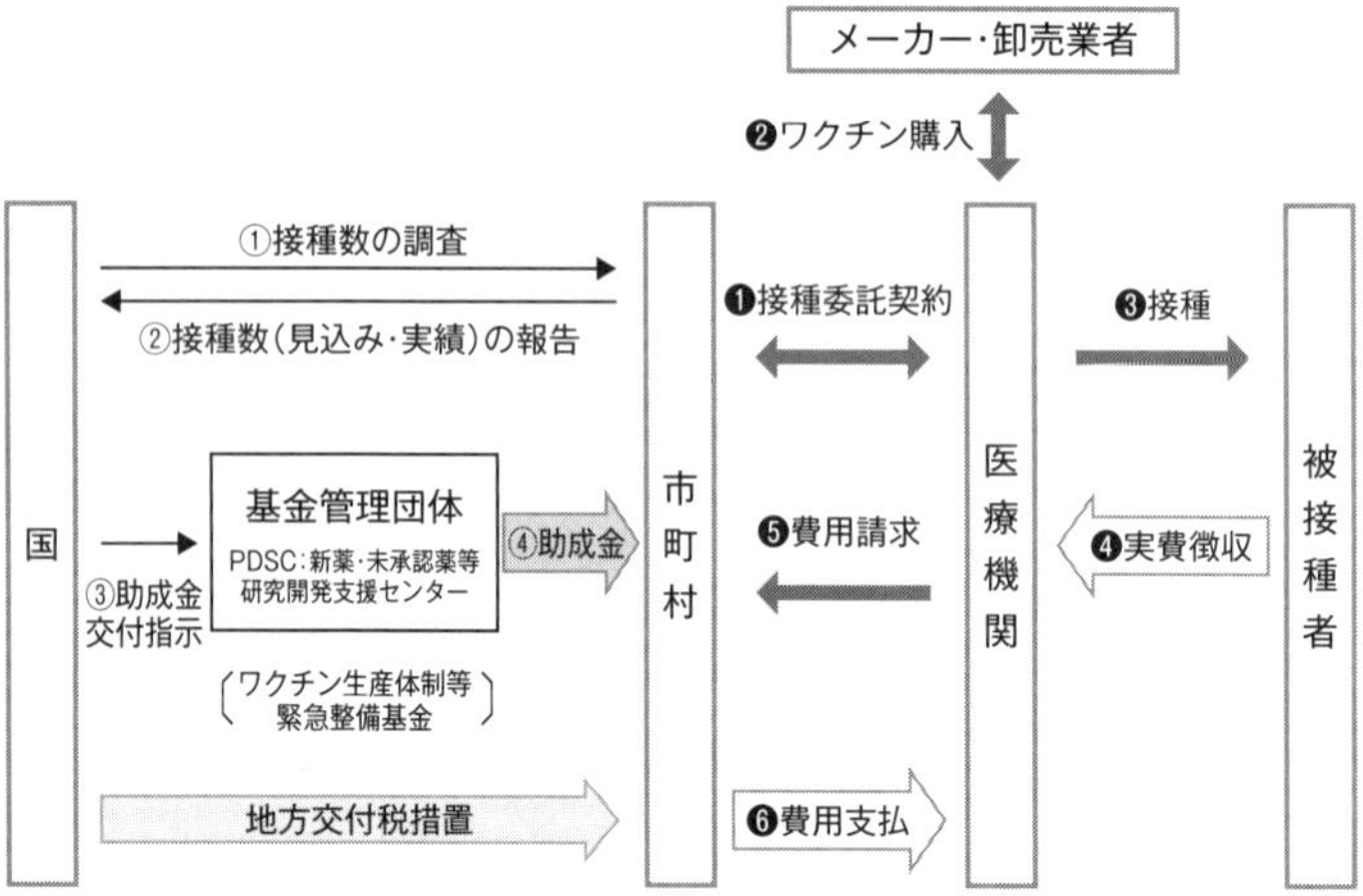

従来のメッセンジャーRNA（mRNA）タイプに加え、【レプリコンワクチン】と呼ばれる新型のワクチンが加わり、これが今、大きな懸念を生んでいます。

従来のmRNA型ワクチンは、半年もすると効果が消えるといわれていましたが、レプリコン型は自分自身のコピーを生成する〝自己増殖型（self-amplifying）〟のため、長く体内に持続し、よって投与量も少ない量で済む（体への負担も少ない）……といわれています。

この新しい次世代型ワクチンは、世界に先駆け日本で初承認され、日本国内での製造・販売・使用がすでに始まっているのです。私たちはその承認手続きが適正であったかを調べています。

さまざまな現場の医師の方々とも話していますが、これまでの新型コロナワクチン（mRNAワクチン）でも被害が起きています。

ワクチンを接種すると体内で「スパイクタンパク」という物質が産生されますが、これが悪さをするといわれています。さまざまな臓器、例えば卵巣や骨髄に溜まりやすいといわれているのです。

卵巣に溜まると卵巣がん、骨髄にたまると血液のがんを引き起こし、卵巣がんや白血病で亡くなる方が近年増加傾向にあるのも、一部の医師からはワクチンの影響が指摘されています。体内の免疫システムの障害を引き起こすことで、免疫力が落ち、病気になりやすい体となってしまうというのです。

スパイクタンパクは血中に存在するもので、通常数か月もすれば消滅するといわれていますが、「高知有志医師の会」の方々との話のなかでは、ワクチン接種後2年経っても皮膚の炎症が消えない方の血液を特殊な染料を使い調べてみたところ、スパイクタンパクがまだ残っていることが確認できたというのです。

こういう方は通常の血液検査では異常は見られないため、ワクチンの影響であると診断されることはほぼないとのこと。場合によっては、「心理的な影響ではないか」といわれ、病院をたらい回しにされ、二次被害、三次被害が発生しているという話も聞いています。

しかも新型のレプリコンワクチンは、長く体内に留まる自己増殖型です。物質が長く体内に存在することで、後遺症も長く持続する恐れが懸念されているのです。

だから私も地元の支援者を回っているとよく耳にします。簡単な感染症で突然亡くなってしまった方、軽い肺炎だったのに突然亡くなった方……抵抗力が弱り、血管を老化させるともいわれています。

加えて言うと、免疫を弱くするのとはまた逆に、免疫力が暴走してしまい、体内に侵入した敵を過剰に攻撃し始めてしまうケースもあるといいます。これを「サイトカインストーム」といいます。

先日聞いた話では、何と、亡くなられた方の体温を測ったところ44度だったという死亡例も報告されています。つまり免疫の暴走で、全身が炎症だらけとなってしまった可能性も考えられます。もしそうだとすると苦しかったことだろうと思います。

深刻なことに、「ブレインフォグ（脳の霧）」といい、脳の障害を起こすケースも確認されています。物忘れ、記憶力低下、集中力低下、思考力低下……認知症のような症状が若い世代にも起きているというのです。

それからレプリコンに関することで最も重要な指摘は、〝自分自身の体が複製製造機になるのではないか〟という懸念です。何といっても〝自己増殖型〟ですから、長い期間スパイクタンパクという毒を生み出し続ける体になってしまう危険性を指摘している学者もいます。

それに合わせて「シェディング」についての心配もあります。シェディングとは、ワクチン接種者の吐息や汗腺などから非接種者へ拡散する現象のことで、多くの科学者が発信しており、先日も「日本看護倫理学会」が緊急声明を発表したことで、注目も高まりました（※2024年8月8日「新型コロナウイルス感染症予防接種に導入されるレプリコンワクチンへの懸念　自分と周りの人々のために」）。

新型コロナワクチンにおけるシェディングに関する治験、臨床研究は未だありません。このままでは、日本国民のための定期接種が臨床実験代わりとなってしまうという強い疑念も声も寄せられています。

●遺伝子製剤で日本人が治験の対象に？

もしこのような懸念が、現実の問題として対応せざるを得ない状況になるとしたら、日本社会に絶大なるダメージを与えてしまうぐらいの深刻な状況なのだということを、あえて申し上げたいと思います。

レプリコンワクチンは、アメリカで開発され、ベトナムで治験が行われ、日本で製造・販売が承認されたものだそうです。

アメリカでもベトナムでも、今のところ製造・認可には至っていません。日本発の企業が世界に先駆け、このレプリコンなるものを作り販売するといいます。2024年10月現在、工場は福島の南相馬、福岡の久留米にあり、他の地域にもワクチン工場が作られようとしています。〝総額500億円を投入、年間10億人分、世界へワクチンを供給する拠点となる〟といったことを工場を運営する会社の社長が会見で述べていました。

なぜ日本が拠点となり、世界に率先してレプリコンワクチン初の販売が行われるのか？　国民の命を守るはずの厚労省は、必要な手続きを取っているのでしょうか？

ただ、賢明な日本の皆さんも少しずつ気づき始めています。レプリコンワクチンを製造・販売する会社の方々（チームK）による本『私たちは売りたくない！〝危ないワクチン〟販売を命じられた製薬会社現役社員の慟哭』（方丈社）も10万部を超えるベストセラーとなり注目度は高まっています。さらには、世界中から非難の嵐が親会社やグループ会社に届き、株主からも反対の声があがり、商品の不買運動なども起きているといいます。

そして、これからは「献血」にも注意が必要になるという学者もいます。レプリコンワクチンを打った人の献血が赤十字から拒否される可能性が考えられるのと、逆に献血に問題がないと判断された場合には、レプリコンワクチンが含まれた血液が「輸血」に回され、ワクチンを打ってない人にまで拡散されてしまうことも考えられるというのです（血液製剤によるＨＩＶ感染：薬害エイズ事件が思い起こされます）。

レプリコンワクチンがどの程度持続されるものなのか、それはまだ正確にデータで示されていないるでしょうか？　エボラ出血熱やデング熱のように、獣や蚊などから感染が広がってしまうこともまったくあり得ない話ではないというのです。未知の遺伝子製剤によるバイオハザードが、日本発で起きるのではないかという心配を、多くの専門家たちが懸念している現状なのです。

●――目に見えない戦争

「プランデミック戦争」はまさに戦争です。目に見えない、静かなる戦争です。

戦争の状態を私たちが生き抜くためには、どうしたらいいのか。どうしたら命を守れるのか？

私が提唱する「日本独立」は非戦の誓いを基にしています。非戦のための戦いは非暴力であり、不服従です。立場や党派や所属を超えた、横のつながりを大事にしていきたいと思います。

そして何より大切となるのが、「情報開示」です。隠されたものを表に出せば、心ある国民が皆で協力する体制が作れます。

もし私が厚労大臣であれば、いまだに開示されていない隠されている情報を一つひとつ開示していきます。岸田首相（当時）以外に誰も見たことがないといわれるワクチンの売買契約書の開示も必要です。死亡者や後遺症のデータを集めて第三者の専門家に解析を委ねます。

トランプ氏が大統領になることが決まり、アメリカではこれからどんどん未知の情報が表に出てくることが予想されます。日本の古い体制は梯子を外された格好になるでしょう。

衆院解散の日の10月9日、私の元に、弁護士を通して「警告文」なるものが来ました。そもそもの問題は、本来なら何年も治験に日数がかかるワクチンという製品を、日本政府の承認の速さが特異であるために、私たちは警告を発して、手続きの適正さを検証しています。

安全性の証明が何より優先するのではないでしょうか。国民連合の科学者の方々が送った質問状への回答は来ていません。目障りな意見を潰そうというのでしょうか。

言論には言論、科学には科学でご対応をいただきたいと願います。言論封鎖、言論統制はあらたな戦争の火種です。情報はオープンに、何より国民の命を最優先する日本であることを願っています。

事は何よりも、国民の命と健康に関することです。科学者の皆さんが公開質問状を送っていますが、回答の代わりに来たものは警告文です。国会でも説明をして欲しいです。

④ 軍縮と和解への道

●――中途半端に再軍備してはならない

先日トランプ氏が、「日本は再軍備を始めた」とインタビューで答えました。[※11]「中国がいくつかの島を取ったため、日本は再軍備を始めた」「世界には今、多くの戦争の危険がある」「第三次世界大戦が起きる可能性が十分にある」と警鐘を鳴らしていました。

「自公政権（岸田内閣）が再軍備しようとしているのは、アメリカ（バイデン民主党＆ＤＳ）の指示ではないか」と思わずにいられませんが、トランプ共和党は戦争反対派です。この何気ない短いコメントの中に、実はとても重要なメッセージが込められていると思います。

トランプ氏は、世界中から戦争を止めてすべての紛争から手を引こうとしているわけですから、ウクライナで戦火がおさまり、中東で和平が実現して、その後日本で戦争なんていうことは絶対にあってはならないと考えているのです。

10年前の2014年、ウクライナでクーデター（ヤヌコビッチ大統領が政権を追われたユーロマイダン革命）があり、ウクライナの上空で「マレーシア航空17便撃墜事件」が起こりました。戦争はその時点で継続していました。決して2022年2月に始まったわけではありません。

近代の戦争というものは実はマッチポンプの自作自演であり、火をつけるのも薪をくべるのも消しに行くのも同じ人々、つまり戦争屋なのです。

トランプ氏の発言で私が思ったのは、ちゃんと日米関係の要点をわかっているなということです。そして、「日本の再軍備を許さない」「ディープステートによる戦争を許さない」という意味だとも思います。ある意味日本にとっては「憲法9条」が多大に絡んでくる話といっても良いでしょう。（憲法に関する私の考えは第4章の③で述べます）

戦後の日本の軍備のいきさつについては、例えば『昭和天皇実録』（東京書籍）にも記されています。

終戦となり、アメリカ大使館で昭和天皇とマッカーサー元帥は会見[※12]をするわけですが、この時にマッカーサーは「もう次に戦争をやったら、勝者も敗者もなく負けるぞ」と言うのです。つまり日本に永久的な戦争放棄を勧めました。

また、いくつかの記録を見てみますと、「下手に再軍備して武装すると、戦争を呼び込む」とも言っています。

これは非常に、もっと重く考えなければいけない問題です。例えばヨーロッパ諸国は実際にそうなっています。アフガン出兵、イラク出兵、リビア出兵、シリア出兵、マリ出兵、そしてウクライナ。戦争に加担することの影響は必ず現れます。

「先進国」には莫大な数の難民がそれぞれの国に入ってきています。アフリカや中東からの難民、不法移民、それらがあふれ返り、「先進国」の国々と文化を蝕み、生活をおびやかす最大の要因となっています。

日本の保守は伝統的にアジア重視、善隣友好外交を基本にしてきました。ロシア、中国を敵にまわしてはなりません。

※11　２０２４年９月３日、人気ポッドキャスト番組のホスト、レックス・フリードマン氏によるインタビュー。

※12　昭和天皇とマッカーサー会見……１９４５年（昭和20年）９月27日を皮切りに、１９５１年までに全部で11回の会見を重ねた。

●——第二次世界大戦の導火線を壊す

昨今、トランプ氏周辺の人々から漏れ聞こえてくることでは、「国防総省の赤字がひどいから国の財政がまわらない」ということをはっきり言いだしているのです。国防総省とは、アメリカ軍（陸軍、海軍、空軍、海兵隊、宇宙軍）のすべてを管轄する行政機関です。「米軍は膨らみすぎた。本国へ返して国境警備に回す」とトランプ氏は言っています。米軍は帰るのです。

世界は一斉軍縮に向かっています。和解と握手です。

しかし日本では逆に、軍拡に向けての動きが加速しています。「軍拡をすることが平和への道であり、軍事費を上げるために増税をする」とこれまで自民党の主流派は発言してきました。

アメリカは軍縮で減税。日本は軍拡で増税。まるで反対のことを行うことは避けたほうが良いでしょう。軍縮をすることが世界平和への道です。

トランプ氏が大統領になったのち、結構厳しいことを言ってくると思います。何といっても戦争屋の資金源が日本にあると思っているわけですから。そこを潰しにくるでしょう。はたして日本政府はそれに対応できるのでしょうか？　はっきり言って日本の中途半端な政治家は完全に腰が砕けると思います。覚悟が求められてくるでしょう。

今後は新しい政治勢力が台頭し、情報公開で古いものの幕引きをするということが非常に重要です。

一旦幕引きができたら、その後の再建についてはいくつかやり方があると思います。幕引きさえできれば、自由に身軽にできる部分もあります。重い過去のいきさつを暴き、責任追及も民の力でやることが、新しい時代の第一歩目です。

昭和20（1945）年の終戦時は、アメリカ連合軍の力でそれをやりました。隠れたところで、アメリカの言いなりのまま傀儡となり、戦後の日本を裏から動かされてきたわけです。

だから今度は民の力、日本国民全員でやるべきなのです。今度の戦犯裁判は、民でやらなければ駄目なのです。やはり日本の民の力というものは相当に強い力があるからです。だからとにかくまずは、新たに出てきた情報を確実に広げ、「本当のことはこうだった」と表に出していくだけです。

戦争屋にも臆せずどんどん言っていきたいと思っています。「反論があったら言ってみろ！」と。皆さんも軍拡を掲げる政治家が近くにいたら、どういうつもりなのかと是非問うてみてください。

善隣友好

これまでは主に日米関係について述べてきたので、中国やヨーロッパについても少し触れておきたいと思います。

中国の一部はある時期から、極めてアメリカ化しました。軍事力は拡大し、宇宙へも進出、アメリカのスパイがやっているようなことも真似てみたり、ハニートラップも有名になりました。アメリカを拝む人がいるように、媚《び》中派のような人がいるというのもその通りです。

中国(アメリカとも共通する)のディープステートのやり方というのは、まず経済的な切り崩しを行ったのちに、そこへ軍事的に出ていって基地を造ること等が挙げられます。オーストラリアの主権の侵害を警告して一気に覚醒が広まった、クライヴ・ハミルトン氏の著書『目に見えぬ侵略 中国のオーストラリア支配計画』(山岡鉄秀/監訳 奥山真司/翻訳 原題:Silent invasion/2018年 翻訳:2020年/飛鳥新社)でも触れられていますが、〝気がつけばいつのまにか侵略されている〟という警戒を口にする人もいます。

ただ、そのときに気をつけなければいけないのは、後ろと後ろとでは実は繋がっているということです。侵略された側の内部には協力者という名の裏切り者が必ずいるものです。

台湾の半導体企業であるＴＳＭＣにも、その可能性が少なからずあることが懸念されます。台湾だから日本の味方なのだと安心しきってはいませんでしょうか。中国（浙江財閥）との関係性は本当に大丈夫なのでしょうか。大歓迎ムードがあまりにも蔓延しているとも思っています。常に警戒を怠らないことが肝要です。

広東省深圳市で登校中の母子が襲われ、10歳のお子さんが亡くなった痛ましい事件がありました（２０２４年9月20日）。亡くなった男の子は中国人と日本人のハーフです。だから彼の気持ちから思うと、２つの祖国が争ってほしくないと思っていることでしょう。

また、その3か月前にも同じような登校中の事件で、日本人を守ろうとして亡くなった中国人女性の方がおられました（江蘇省蘇州市で起きた、日本人学校の送迎バスのバス停で、刃物を持った男に襲われた事件。同年6月24日）。中国人だからといって、全員が反日というわけではありません。

だから私たちは必ず、中国人と中国共産党政府、日本人と日本政府を、きっちりわけて考える必要があります。日中の国民同士は、友好、善隣でいくべきです。友好を邪魔する者は、分割統治が得意な戦争屋の人たちです。

ただ、アメリカ化、ディープステート化した一部の勢力には、注意を怠ってはなりません。先の戦争ではお互いにいろいろあったでしょう。ただそれを言い出したら本当に国と国との争いになってしまいます。そこはやはりお互いに収めていく努力もしていかなくてはいけません。

大事なことは、味方を増やしていくことです。これはアメリカにも同じことが言えます。敵もいっぱいいるでしょうが、味方も絶対にいるものです。

松下幸之助氏は「繁栄はアジアに巡り来る」とおっしゃっていました。1970年代以降、特に80~90年にかけての中国の改革開放を支援したのは日本です。本当は中国の発展に対して、日本はそのお返しを享受することが暗黙の条件だったはず。ところが、1990年代に入りバブル景気で世界とアメリカを席巻した日本にそんなことをやらせてしまっては、日本だけがますます大勝ちするということで、ディープステートによって強引に分割統治されたのです。そこだけはやはり、日中できちんと考えておかないといけないと思います。

また、これはアメリカ人でもイギリス人でもそうですが、結局はその実力、腕力がどれだけあるかで人の態度が変わってきます。我々はもっと和の文明の誇り高き日本人として、振る舞ってしかるべきでしょう。

●——中国と尖閣諸島の今

おそらく尖閣については、米中の〝棚上げ密約〟があるのではないかと、内心思っています。しかし、中国軍の中にも跳ね返りがいて、日本海周辺で怪しい動きをする者たちもいます。私は実際に中南海にまで行って、朱鎔基《しゅようき》総理（当時。江沢民政権時代）に「旧ソ連でさえやらないような、日本海周辺の海洋測量をすぐに止めさせてほしい」と申し出たことがあります。

朱総理はそのことを知りませんでした。知らないわけがないとも思いましたが、海洋測量は1週間後に止まりました。その後の私たちは、「国家主権と国益を守るために行動する議員連盟」の共同代表として「国家主権三法」を作り（2010年）、尖閣に飛び、力による現状変更を認めないという意志を明確に伝えました。

朱総理とは、松下政経塾の他の国会議員と共にお会いする機会をいただいていた時期もありました。日中友好に尽力した松下幸之助の弟子だから会ってくれたのです。

朱総理は、佐賀の先達である宮崎勇《いさむ》元経済企画庁（現内閣府）長官とも長年の親交があり、日本への深い理解者のおひとりでした。私はとても尊敬しています。

あるとき、朱総理から、「日本は最も成功した社会主義改革の国ですね」と言われた事がありました。私たち一同は笑いました。社会主義大国の首脳から自由主義の我が国に対してそう言われたからです。あの時は、軽く受け止めていましたが、今となっては、とても意味のある言葉だったのだと思います。

日本がずっと持っていた社会主義的な良さは確かにありました。しかし、搾取のための規制緩和、民営化という名の私物化、グローバル資本への貢物としての構造改革、地方を疲弊させた三位一体改革……枚挙に遑《いとま》がありませんが、あらゆるものが根こそぎ奪われていったのです。グローバリストの金融至上主義者とその傀儡によって……。

●――ヨーロッパの今

ヨーロッパの状況も似たようなものです。私は「日本EU友好議員連盟」の幹事を務めていますが、EUはもともと〝アメリカ一極〟に大変な危機感を抱いていました。ド・ゴール主義のように「いかなる外国の圧力に対しても従属すべきではない」と、自分たち側にも強い柱を作って、アメリカ化に対抗しようとしていました。多極化、または多元化という価値観を熟成していく途上にあったにもかかわらず、いつの間にかEUは、アメリカのディープステートに似てきてしまっています。

伝統的なヨーロッパ人の感覚からすれば絶対に合わないはずです。今のマクロン体制なんてまるでヴィシー政権[※13]だという人まで現れました。レジスタンス魂でナチスドイツと戦ったフランスの高貴な精神はどこへ行ったのか。ですから、今のEUが一般ヨーロッパ人の総意だと思わない方が良いでしょう。

ドイツのショルツ首相は、「ドイツ国民は皆鉄砲を持ってロシアと戦う覚悟を持て」というようなことを言っていました。

しかし2024年9月、ドイツ東部、旧東ドイツのいくつかの州で地方選挙があり、西側寄りのショルツ氏の所属政党である社会民主党などはボロ負けを喫し、AfD（ドイツのための選択肢）という新進の保守政党が圧勝しました。要するにもう西の連中の言うことにはついていけない、限界です、という民意が発露しているのです。

「我々（旧東ドイツの人々）はロシアとも東欧各国とも仲が良いから、アメリカ式の強欲グローバル資本主義はもういい、戦争も移民も難民も金輪際お断り」と訴えているわけです。その危機感が選挙結果に如実に現れたのでしょう。

これは旧東ドイツ地域に限らないことですが、やはりヨーロッパは戦争難民を国内に入れたことが大変な悪影響を及ぼしています。

2000年代の頭ぐらいの頃は、日本とEUの議員同士での交流が頻繁にありました。「原口さん、グローバリズムについてどう思いますか」という質問を、彼らはよく私たちにしていました。当時はグローバリズムが世界をおかしくすることがわかっていたのにもかかわらず、その波に巻かれていってしまったように見えます。ＥＵ議会にはイエスマン的な人物しか残らなかったのでしょう。ドイツは自国のノルドストリーム１＆２を破壊され何も言わず黙っているなんて、まったくありえないことです。

※13　ヴィシー政権……１９４０～１９４４年。第二次世界大戦中、ドイツに降伏したフランスで成立した政権。ドイツに協力しユダヤ人狩りを行った。ヴィシーはフランス中部の都市の名前。

世界は和解へ　～ＢＲＩＣＳプラス～

２０２３年の特徴は何かというと、世界的な和解が進んだことです。

その象徴的な出来事が、中国を仲介にした、イランとサウジアラビアの和解です。２０１６年以来断交していた両国でしたが、２０２３年３月10日、宿敵同士が突如、７年にわたる不和を終わらせることに合意したのです。

そして、２０２４年３月18日には、サウジアラビアはシリアと和解し国交が正常化されました。こちらは12年ぶりです。

本書を読んでくださっている皆さん。世界はＧ７以外、戦争屋が関与している国以外では、握手と和解、平和と繁栄が進行中なのです。

今回、中国が仲介しましたが、そういう役目は本来、日本の役割です。イランも、サウジアラビアも、大変な親日国です。イランはペルシャ帝国の末裔で、日本と同じように長い歴史と伝統を誇る国です。

日本のメディアでは、いかにもイランが悪い国で、反米・反イスラエルの悪の枢軸国のように報じられていますが、イランは自制していると思います。自分の国の大統領や最高指導者をはじめ、さまざまな人たちが介入され殺害され挑発されるなかで、「血の報復」と騒ぐ者をなだめながら、懸命に自制しています。

イランが一番苦しい時に助けたのは日本なのです。1950年代、イランが英国から搾取されている実態を知った出光佐三（出光興産社長）氏が、タンカー船・日章丸でイランを救う物語です。

また、世界でも有数の埋蔵量を持つとされるイラン南西部の「アザデガン油田」の開発においては、2004年に日本政府は正式な契約を締結しました。イランと経済的な結びつきを強化することで、日本のエネルギー戦略、エネルギー安全保障において重要な資源となるはずでした。

ところがその権益がその後どうなったのか？　アメリカがイランの核開発問題を巡り制裁を強化したことから、日本に対してもイランとの取引を見直すよう圧力がかかり、最終的には撤退を余儀なくされたのです。イランは日本が撤退した後、中国との協力を進めました。

中国、ロシア、サウジアラビア、イランも含めたＢＲＩＣＳプラスの諸国は、今なんと言っているでしょうか。

「もうＧ７の戦争屋は出てこないでください。あなた方が出てきたら国が乱れます。あなた方が私たちに持ってくるものは、自分たちの利益のための戦争と搾取と説教です。民主主義？　人権？　嘘を言ったらいけません。イスラエルが攻撃したガザやレバノンの状況をジェノサイドと言わずになんというのでしょうか？　武器を供給しているあなた方がまさにジェノサイドの共犯ではないですか」……そう言われている気がしてなりません。白と黒が逆転したのです。

この世界で日本だけが、アメリカの戦争屋に唯々諾々《いいだくだく》として、一本足で支えているのが現状ではないでしょうか。

戦後の従属的な日米関係は一回リセットしなければいけません。新しい日米関係を構築するとともに、日本はＢＲＩＣＳに入ることも検討すべきと思っています。

そして同時に、足元を固めることです。内なる敵、つまり傀儡を外に出す仕組みづくりです。

「日本独立」のための国づくりは、《内憂外患《ないゆうがいかん》》を排除する仕組みを計画することから始めていきましょう。

第4章

独立国として生きるための日本人論

① 日本人のアイデンティティ（自己同一性）

●——15歳の君へ！ 変わらないじゃない。君が変える

今、私の手元に２０２４年に発売された2冊の本があります。

一冊は石田和靖氏の『10年後、僕たち日本は生き残れるか 未来をひらく「13歳からの国際情勢」』（KADOKAWA）、

もう一冊は『18歳からの脱奴隷論「アメリカの失敗」から学ぶ民主主義の未来』（WISDOM BOOKS）。こちらは及川幸久氏とロバート・D・エルドリッヂ氏の共著です。

この私の盟友による著作は共に、10代の若い世代に向け、未来への展望や学びへの目覚めを呼びかけており、私も本書執筆にあたり大いに刺激を受けました。

エルドリッヂ氏はアメリカ人の元在沖縄米軍海兵隊の方で日本通ですが、決してジャパン・ハンドラーズのような方ではなく、まさに本書が終始主張している日本の売国、従米主義……それらを見事にご指摘されていらっしゃる方です。

また同じく、論法鋭く拝米&従米のグローバリスト勢力を痛快にご批判するアメリカ人、ジェイソン・モーガン氏は、南北戦争でいうと南にあたるルイジアナ州のご出身です。

彼らに共通する特徴は、アメリカ人としての強いアイデンティティを持っていることです。それは私が佐賀という葉隠《はがくれ》の地を基本に活動していることと同じ精神です。強いアイデンティティを鍛えて生きていくことが、何よりこのグローバリズムが蔓延する世界に対抗する大きな力になることを、はじめにお伝えしておきたいと思います。

実はこの『日本独立！』という本は、「15歳の君に」というテーマに沿って書いているのです。

「なぜ15歳？」と思われるかもしれません。我が母のような92歳の方にも大いに読んでいただきたいですし、脂の乗ったこれからの日本を支える30～40代の経営者のような方にももちろん読んでいただきたいのですが、私の心は15歳に向かっています。

この本を手に取ってくれた15歳の方が、10年後に25歳になる時、被選挙権を得て、私と同じような政治家になることもあるのではないか。だからまず10年、この本を手元に置いて、少しでも日本の独立のために勉強して、10年後の代議士を目指して頑張ってほしいと、ささやかな願いを込めているのです。

皆さんにご紹介したい15歳の青年がいます。ふじみおんし氏といいます。この佐賀県鳥栖に在住の高校生は、「新緑の風」という政治団体を立ち上げ、ひとりでのぼり旗を立て、日々街頭演説を行っています。

すごい人がいるなと思いました。どういうことを演説しているのだろうとＹｏｕＴｕｂｅを聞いてみると、私が言っていることと、限りなく近いのです。その後、Ｘのスペースにお誘いして、ネット上で話すこともできました。「今度一緒に街頭演説しよう」と言いながら、まだ約束を果たせていませんが、近々共に演説することもあると思っています。「変わらないいじゃない。変えるんだよ。」それが彼のキャッチコピーです。

彼の動画を見ていて嬉しかったのは、３か月前は本当にひとりでポツンと演説していたのが、今ではもう仲間ができて、確実に広がっている。

日本では昔から元服《げんぷく》は15歳でした。「考える力は15歳ですでについている」と精神科医の田中陽子氏もおっしゃっています。彼の姿を見て、「私ももっと頑張ろう！」と勇気をもらえる人がいると思います。

日本の選挙権を持つ有権者約1億５６２万人、その多くが政治に背を向けてしまった結果が、現在の日本なのかもしれません。もう一回言います。「変わらないいじゃない、変えるんだよ」その気持ちを胸に仕舞い込んで、私も訴え続けていくことを誓います。

ふじみおんし公式ホームページ／新緑の風：
https://fujimionshi.wixsite.com/fujimionshi
公式X：https://x.com/fujimionshi

●――貧すれど鈍せず、日本再興は教育から

「貧すれば鈍する」という慣用句があります。意味は「貧しくなると生活の苦しさから知恵や精神の働きが鈍り、平気でさもしいことまでするようになる」とのことです。言い得て妙、まさにここ30年の日本を現していると思いませんか。

「鍋とフライパン革命」と称される市民革命を成し遂げた人口37万人の国、アイスランド。

2008年、経済危機の大打撃を受けたアイスランドでは、経済のみならず政治も崩壊し、あらゆる社会システムが機能しなくなっていました。食料配給への長い列、暴力的なデモ、絶望の日々……。

未曾《みぞう》有の危機に瀕した人々は、あらゆるものの本質的な問題に正面から向き合い、草の根パワーによって、既存の経済制度、政治制度、民主主義制度を大きく変えていきました。まさに無血の市民革命が実現したのです。（※引用：Miguel Marques／YouTube

チャンネル　ドキュメンタリー映画『アイスランド無血の市民革命　通称：鍋とフライパン革命』）

このミゲル・マルケス監督によるドキュメンタリー映画は大変参考になりましたので、私もXで紹介させていただきました。

アイスランドは非常に幸福度指数が高く（2023年度は世界3位）、世界のなかでも最も本に親しむ国ともいわれます（出版率が世界で最も高く、1人当たりの年間の読書量は平均で11・5冊、家庭での蔵書数も世界でトップクラス。参照：在アイスランド日本国大使館HP）。対して、日本国民の読書量はどうでしょうか。貧しくなると勉強する余裕さえなくなるとおっしゃる方もいますが、それも無理からぬことだと思います。国が貧しくなるとますます教育や物を考えることに対する力が弱ってしまいがちです。

物を考える力が弱った人間が増えることは、支配する側からすると、これほど都合のいいことはないと言わざるを得ません。

衰退著しい日本の大学の話もよく引用されます。世界の大学トップ500というデータがありますが、500あるうち日本の大学は12しか入っていません。東南アジアのなかで影響力のある国の座は、圧倒的に中国に奪われてしまっています。

日本人は自己認識のずれが生じているのではないでしょうか。日本はまだ世界第2位の経済大国だと思っていませんか？　為替の影響もありますが、２０２４年度のＧＤＰランキングは、ドイツに抜かれ第４位に落ちています。

「世界ハイテク産業・輸出国ランキング」でも、中国が圧倒的です。２位がドイツ（ドイツは中国の３分の１程度ですが）。３位がアメリカ。続いてベトナム、韓国、フランス、シンガポールと続きます。

シンガポールは都市国家です。私の師でもあるリー・クワンユー先生（１９２３〜２０１５年／シンガポール初代首相）が一生懸命につくられた国で、人口は約５８０万人です。彼らは世界最高の教育をいながらにして受けられる国づくりをしました。教育を土台に社会を積み上げてきているわけです。

日本がグローバリスト支配を脱し、独立国として生き残るための戦略のなかには、教育についての項目がなければなりません。日本の教育をどう立て直すか……世界の潮流と、人間の本質を見据えた、日本を取り返すための教育戦略というものを、述べてみたいと思っています。

そして8位にオランダ、９位にメキシコ、そして10位にようやく日本です。中国の輸出額の約11分の１ほどになりますが、本当に惨憺たる状況なのです。

本来なら、中国の経済成長の伸びと一緒に、日本も伸びることができたはずです。１９

80年代以降、中国の改革開放を最も支援してきた私の師匠の松下幸之助さんもそう思っていたはずです。

日中は一緒に伸びることができたわけです。WIN-WINの関係が築けたはずです。しかしその後、敵対してしまったからこうなってしまっているのです。その果実を最も得られる時期に、「仲違いをせよ」とアメリカから工作員がやって来て、テレビやメディアを支配しました。発展の果実を根こそぎ奪っていった。

中国を悪し様《あざま》に主張することが保守の証であるという見方は、真の日本の利益を考えない驕った日の丸ともいえるのではないでしょうか（ロシアに対しても同様のことがいえます）。

世界は一極支配から多元的支配の社会に変わっています。今、ロシアに経済制裁をしている国は世界全体でいうと15％程度、少数派なのです。それ以外の国々は、和解と握手。平和と繁栄です。

●——佐賀発祥の学問の伝統

「日本再興」とは、精神的なもの、自己同一性、そして教育も重要なテーマです。日本人を日本人たらしめているもの、そして日本を日本たらしめているもの、それが一体何なのか……という観点から述べてみたいと思います。

少し理念的な話になりますが、日本を日本たらしめているものの中心は教育であるべきであり、そして人間であるべきだと思います。

長崎は私の父も佐世保で生まれたことから、個人的にも非常に縁が深く、かつ不思議な魅力がある街であります。

佐賀藩は、藩校となる致遠館《ちえんかん》[※1]を長崎に置き、また長崎の出島の管理は佐賀藩だったこともあり、蘭学として江戸時代の最先端の技術や学問があった地です。

医学も極めて発展しており、東京大学医学部の原点ともいえる蘭方医、伊東玄朴《いとうげんぼく》（1801～1871年）も佐賀の神埼で生まれ、長崎で学んだ経歴があります。

最先端の和、華、蘭の文化をいち早く取り入れたのが佐賀と長崎なのです。

鍋島家（佐賀藩）は、特に軍事力増強に注力しました。反射炉や、その反射炉を活用したアームストロング砲の製造を手掛け、日本最大の海軍と言われた地も、佐賀の三重津《みえつ》にある海軍所であり、三重津で製造された軍艦が筆頭です。江戸末期としては最大級の軍事力を誇りましたが、その源流は長崎の出島から得た知識にあります。

そして弘道館[※2]や致遠館といった藩校では、輪読などの教育を施し、教育の底上げを図りました。当時の鍋島は、今でいうスパルタ指導的な一面もあり、例えば教育が不十分なところは禄《ろく》（給与・報酬）に影響する、成果主義の面も取り入れていたという資料もあり、非常に厳しい指導だったとされています。

私は今でも、佐賀、そして長崎の街を歩くたびに、折り重なる歴史の重みをひしひしと感じます。知らない人がその街へ行くと、しばし異空間に舞い降りたような錯覚に陥ると思いますが、それは日本、中華、そしてオランダを中心とした、さまざま文化が至るところに散りばめられた色彩豊かな空間だからです。

長崎の歴史は、受難の連続の歴史です。キリシタンが秀吉、家康の禁教政策によってその命を散らした「島原の乱」はご存じの方も多いはずです。１５８７年、豊臣秀吉による「伴天連追放令」が発せられ、京都や大阪で囚われた外国人宣教師６人と子供を含む日本人20名が長崎に送られました。

この禁教令の過酷さは、有名な〝踏み絵〟に代表されるように、今なお歴史の教科書でも語り継がれるところです。その外国人宣教師６人は長崎の西坂の丘という地で処刑をされ、二十六聖人の殉教地として今でも史跡として伝えられています。

しかし、肥前の熊とも称された龍造寺《りゅうぞうじ》隆信《たかのぶ》は、キリシタン大名である大友義鎮《よししげ》（豊後国《ぶんごのくに》／現在の大分県）を打ち破った後、家紋（杏葉紋《ぎょうようもん》）を奪い、それを家臣の鍋島直茂に与えたという歴史があります。

なぜ隆信は、キリシタン大名を滅ぼさなければいけなかったかといえば、それは宗教による侵略に対して危機感を持ったためです。宗教による侵略は、精神から支配をされていくことであり、為政者は注意を払わなければなりません。

徳川幕府もキリスト教に対して警戒を強め、「キリスト教禁教令」（１６１２年）を発布します。その後、天草四郎の悲劇（「島原の乱」１６３７年）も起こりましたが、それ以上に西洋による侵略が脅威だったともいえるでしょう。「イエズス会」とは宗教の顔の裏に、現代でいうところのディープステート、戦争屋、侵略者の顔も隠し持っていたようです。キリシタン大名は、彼らお得意の分断統治の駒として使われてしまったともいえるでしょう。

宗教に対する警戒が極めて強い例は、現在のアジアでも見られます。

例えばミャンマーでは、現在でも軍事政権により支配されていますが、平和的な解決を求めようと人道的な支援を差し伸べるＮＰＯに対しても一層強く警戒します。それは、西洋思想には宗教を通して支配を始めようとする考え方があるためです。ミャンマーはイギリス支配により、王様を追放された歴史があるため、西洋と宗教は警戒する必要があるという考え方が根底にあります。

しかしその一方では、万国共通ともいえる「人間の存在を超えたものに対する祈りの大切さ」もあり、そのふたつがせめぎ合っている状態ともいえるでしょう。

※1　致遠館……佐賀藩主・鍋島直正がオランダ人宣教師グイド・フルベッキを招聘し、1867年（慶応3年）に長崎に設立した英学を学ぶための藩校。大隈重信、江藤新平、石丸安世等も学んだ。

※2　弘道館……江戸時代中期に佐賀藩が設立した藩校。1781年、佐賀藩第8代藩主鍋島治茂が設立。水戸藩（茨城県）、出石《いずし》藩（兵庫県）の同名の藩校と並び「天下三弘道館」と呼ばれた。

●──永井隆博士と如己堂

私は小さいころ、あまりにもひどい原爆の経験をした人の話を聞いたことで、自己同一性の危機のような、ショックを受けた覚えがあります。小さい頃に強い刺激を受けて（与えて）はならないと実感した出来事です。

国会議員になり、総務大臣になり、子どもたちをそういうものから守る活動もずっとやっていきましたが、まだまだこれからだと思っています。

被爆の話を身近に聞いて育った私でさえ、長崎の平和公園にいると震えるときがあります。実際の被爆の話は、自分の悲しみさえ塵のように小さく思えてきます。平和公園の東側に、鮮やかなレンガ色に染まる浦上天主堂《うらかみてんしゅどう》が建っていますが、そこから北西に延びる緩やかな坂道を降りていくと、永井隆博士の如己堂《にょこどう》[※3]が見えてきます。

私は沖縄に行く際には必ず、瀬長亀次郎先生の不屈館を訪れますが（詳細は沖縄をテーマとした4章の④にて述べます）、長崎ではこの如乙堂に必ず立ち寄ります。「北東アジア非核兵器地帯条約国際議員連盟（詳細は次の②「核の議論」にて）」を立ち上げた際も、永井博士のご子息に報告に出向きました。

1940年、日中戦争の従軍から帰還した永井隆博士は、長崎医科大学助教授として、放射線物理的療法の研究に従事されました。しかし、その研究中に浴びた放射線により白血病に侵されてしまわれます。

さらにその後、1945年の長崎の原爆投下時には、爆心地からわずか700mの場所にある長崎医科大学の2階のラジウム室で被爆されてしまいました。博士は幸いにも一命をとりとめたものの、従来の白血病に加え、原爆症という二重の苦しみに襲われることになるわけです。

しかしそれでも博士はくじけることなく、自分の体を顧みずに、長崎に溢れる原爆症の人々の治療を続け、ボロボロになった体に鞭を打ち、救済活動を続けたという方です。

如乙堂は1948年、住民や教会の援助によって建てられました。行かれてみるとわかりますが、とても小さなお堂です。聖書の一節「己の如く隣人を愛せよ」という言葉から、永井博士が命名したのです。

永井博士の執筆活動は、そのお堂内で始まりました。病に冒されていたためほとんど床に伏したまま、執筆をされたといいます。1951年に、博士は眠るようにして亡くなりましたが、その間に書かれた多くの著書は、今もなお、私たちの心を打ってやみません。永井博士の『この子を残して』の著書の中に、次のような一節が残されています。

――そこへ不意に落ちてきた原子爆弾であった。ピカッと光ったのを、ラジウム室で私は見た。その瞬間、私の現在が吹き飛ばされたばかりでなく、過去も吹き飛ばされ、未来も壊されてしまった。見ている目の前で、我が愛する学生もろとも一団の炎となった。我が亡き後の子どもを頼んでおいた妻は、バケツに軽い骨となって、我が家の焼け跡から拾わねばならなかった。台所で死んでいた。私自身は、慢性の原子病の上に、さらに原子爆弾による急性原子病が加わり、右半身の負傷とともに、予定より早く廃人となり果ててしまった。

博士は学者として、ご自身の体を実験台にされたといっても過言ではありません。そして同時に、戦争の無力さや悲惨さも、著書のなかで激しく訴えています。

ポケベルやソーラー発電の機械までもが爆弾に使われることが現実に起こる今、永井博士が残された次の言葉は、私たちが「日本再興」を考えていく上で、切実に大事なことだと思います。

――戦争が長引くうちには、はじめ戦争をやりだしたときの名分なんかどこかに消えてしまい、戦争がすんだころには、勝った方も、負けた方も、何の目的でこんな大騒ぎをしたのか、わからぬことさえある。

そして生き残った人びとはむごたらしい戦場の跡を眺め、口を揃えて「戦争はもうこりごりだ。これきり戦争を永久にやめることにしよう」そう叫んでおきながら、何年かたつうちに、いつしか心が変わり、何となくもやもやと戦争がしたくなってくるのである。

どうして人間はこうも愚かな者であろうか。

（永井隆『いとし子よ』より）

分割統治の教育をされ、知らず知らずのうちに愛することよりも憎むことを覚え込まされる。負け犬のような精神に、染まってはなりません。

今やらなければいけないのは、《再武装》ではありません。利権化した防衛産業、アメリカの戦争屋から押し付けられ、〝買わせていただいている〟という醜い実態を知り、それとはまったく違う《本当の防衛》をつくることが必須なのです。

私は決して、防衛力をないがしろにしてよいという空想論の者ではありません。そうではなく、現代の日本のような、防衛しているつもりの〝やったつもり防衛〟が最も歪であり意味がなく、危険だと言いたいのです。

永井博士は最後に、ご自身のふたりの子どもたちへ向けた言葉も残されています。


——もしも日本が再武装するような事態になったら、そのときこそ誠一よ、かやのよ、たとえ最後の二人となっても、どんな罵りや暴力を受けても、きっぱりと戦争絶対反対を叫び続け、叫び通しておくれ！　たとい卑怯者とさげすまされ、裏切り者とたたかれても〝戦争絶対反対〟の叫びを守っておくれ！

——いとし子よ。敵も愛しなさい。愛し愛し愛しぬいて、こちらを憎むすきがないほど愛しなさい。愛すれば愛される。愛されたら、滅ぼされない。愛の世界に敵はない。敵がなければ戦争も起らないのだよ。

（永井隆『いとし子よ』より）


1945年8月、広島と長崎の原爆投下後、日本は降伏し戦争は終結しました。1952年4月28日にサンフランシスコ平和条約が発効され、日本は主権を回復しました。しかし実質、それは現在においても、間接的な占領状態を脱したとは到底いえないのです。永井博士は戦争が終わってからわずか3年のときにもかかわらず、日本の再武装を憂いておられます。

平和を希求する日本の国民の祈りと活動は、80年の歴史として刻まれています。２０２４年度のノーベル平和賞は、「日本原水爆被害者団体協議会（日本被団協）」の皆さんが受賞されました。誰もその活動を否定することはできないでしょう。

人間とはかくもおろかな生き物か。永久に戦争を放棄しようと誓ったではないか。また戦争を起こそうとするのか……永井博士の危惧は皮肉にも的中したといえます。

私は岸田文雄氏を本当に信じられませんでした。世界で最も凄惨な、戦争被爆を経験した広島のご出身ながら、核の拡大抑止（いわゆる核の傘）を誓う総理大臣となるとは、まったく想像していませんでした。岸田氏は私が30年以上前、自民党時代に隣で勉強していた人です。

あのとき自民党でともに学んだことは、もう彼の頭の中には入っていないのでしょうか。それとも、誰かに脅されて、そうしたことを言わされているのでしょうか……。

唯一の戦争被爆国である日本が進むべき道は決まっています。平和の道をひたすら歩み続け、平和の道を創造していくことです。

永井博士は、「敵を愛せよ」と説いておられます。自分さえも、自国さえも愛せない現代の人たちに、「敵を愛する」というおそらく最も困難な課題を克服することが果たしてできるでしょうか。

博士の言葉は、原爆という核兵器の怖ろしさを身をもって知り、命の炎が燃え尽きるまで、人間としての尊厳を失わなかった、魂の言葉です。怒りや恨みは連鎖を作ります。戦争をなくすのは、博士がおっしゃるように唯一、愛であり、そして《与え続ける愛》なのだと思います。

「教育」が目指すものとは何か。その答えがここにあるのではないでしょうか。

※3 永井隆……1908〜1951年。放射線医。長崎医科大学助教授。放射線医学の研究による白血病を患いながら、長崎原爆に見舞われ二重に被爆。後年は多くの著作を通じて平和を訴えた。

●揺るがない自己の確立

英語に、「アイデンティティ（identity）」という言葉があります。個人や集団が持つ自己認識や自己同一性を指し、自分が何者であるかを理解し、他者との違いを意識する際の基盤となるものです。

アイデンティティと聞くと、エリクソン[※4]の本を思い浮かべる方も少なくないと思います。半世紀にわたり世界中で読み継がれてきた名著が有名です。

そして「人の存在の根に関わる豊かさ」。これもエリクソンに代表される自己統一性の心理学の分野では、頻繁に使われる表現です。

私が大学生だった頃、佐賀から東京に出てきて、いわゆる駒場（東京大学）の時代は、詩を書いたり演劇をやったり、そして酒を飲んで……というといかにも大学生といった根なし草の状態でした。つまり今思えば、自分のアイデンティティがあまりにも都会に合わないと痛感して、頼りなくもふわふわ、ゆらゆらとさまよっていました。

佐賀弁と共通語という言葉の違いも、日本語と英語ぐらい違えば諦めもつきますが、似たような言葉でも大きく違いがある言葉で、悩みの種でした。そうしたなかで、自己同一性の危機が18や19の時に急に訪れました。

また言い換えれば、温かい土と自分の存在の根を求めて、七転八倒していたような状態です。

私は小さいころから詩を書いてきました。あの頃書いた詩をあらためて読むと、自分でもよく生き残れたものだなと感じます。何も知らない人が読んだら、この人はおそらくもう生きていないだろうと思うような、深い孤独と闇を感じさせるものです。

ただ、そのなかでも、かけがえのない友人たちや先生、そして今は亡き妻と出会いました。妻である彼女が、私にとっては母親代わりであり、永遠の恋人ともいえる存在でした。もちろん本当の母親は今も元気にしていますが、私が出会った最初の母親といえる存在は彼女だったと思います。

学生時代に、『恒河沙《ごうがしゃ》』という文芸誌に詩を寄せています。それも無残な詩です。「息をしていいですか、自分はここにいていいですか」というような内容で、自分を統合する苦しみを綴ったものです。

本書をお読みいただいている方のなかには、若い年齢の方々もおられると思います。心の嵐のなかに吹き飛ばされたり、あるいは日々、絶望と出会って、嵐はいつまでも続くように思っているはずです。

「トンネルのなかで外を見ようと思った」と書いたこともあります。トンネルの外側は絶対に見えませんが、トンネルのなかに居続けると、それさえもわからなくなり、外を見ようう、外を見たい……と思い立つことがあります。長い長いトンネルの中からずっと出られず、息苦しい毎日を苦しく思うはずです。

しかし、大丈夫です。明けない夜はありません。夜明け前がいちばん闇が深いともいわれます。もがいてもがいて、一生懸命にあきらめないで悪戦苦闘してください。経験者の私が言っているのだから、間違いはありません。

今、日本社会全体が、根こぎ※5になったような状態です。

先日も支援者のひとりである親御さんが「うちの子は毎日ゲームだけをして、生きる目標といったものもなかなか見つけにくいようです」と嘆いていらっしゃいました。

しきりに「改革」という言葉を衆議院選挙へ向けたなかで、各党のリーダーたちが主張していますが（2024年10月27日投開票）、虚しくも空振りしている感覚をお感じになりませんでしょうか。有権者に届かない、刺さらない。それはなぜかというと、彼らの体、もしくは精神のなかに、日本の文明や文化、あるいは日本人が日本人であるが所以《ゆえん》、そういったアイデンティティが欠落しているからです。

明治維新から続く「西洋に同化して失われた日本人のアイデンティティ」が確実にあります。

「日本再興」というと、経済を再興させるのはもちろんですが、最も改善しなければいけないのはやはり「教育」なのです。では、教育をどうすれば良いのか、どういうふうに育てていけば良いのか、今のある教育のなかでもどっちに向かえば良いか……ということはまたじっくり、ゆうこく連合の皆さんの前で、お話しさせていただければと思います。

日本の国家としてのアイデンティティを確立しつつ、新しい世界秩序の構築に全力で取り組んでいきたいと思います。

※4　エリク・H・エリクソン……1902~1994年。アメリカの精神分析学者。自我同一性（アイデンティティ）などの概念を提唱。社会の中における自我の形成についての理論を展開し、人間科学・社会科学に大きな影響を残した。

※5　根こぎ・根こぎ感……本来の意味は樹木や草などを根ごと引き抜くこと。エリクソンは、アイデンティティの同一性や連続性が「自己・他者・環境」の関係において保持できない危機を指す言葉として提示した。

② 核廃絶への道

●――人類は核と共存できない

前節で原爆の話を取り上げましたので、核保有や核武装論についても少し考えてみたいと思います。核の話もまた、日本人のアイデンティティを捉える上で重要なピースです。私がライフワークとしている問題の一つに「核廃絶」があります。私は常に、世界中の核は廃絶されるべきとする立場で物事を考えています。

１９４５年８月６日は広島に、８月９日は長崎に原子爆弾が投下された日です。同年内に約21万人の人々が原爆で亡くなられました。

私たちは２０２２年に、長崎原爆投下の日の１日前となる８月８日に、「北東アジア非核兵器地帯条約国際議員連盟」[※6]を日米韓の議員たちと共に、長崎の地で立ち上げました。私は共同代表として、現在も活動を続けています。これは、北東アジア（日本・韓国・北朝鮮）地域で核兵器の開発・製造・取得を禁じる「非核兵器地帯」を実現する国際議員連盟で、現在は日米韓の議員で構成されています。

2023年11月1日には米ワシントンD.C.で第3回総会を、私が日本側の代表として、アメリカ側はエドワード・マーキー上院議員（民主党、マサチューセッツ州選出）の立ち合いのもとで開催されました。アメリカ議会のキャピトルヒルでは、志を同じとするモートン・ハルペリン教授のキーノートスピーチもありました（韓国から参加予定だったホン議員らは急な国会が入り欠席）。

「北東アジア非核兵器地帯条約」とは、日本・韓国・北朝鮮の地域において「〝非核兵器地帯〟を宣言すれば、核保有国はそこに核を打ち込むことができなくなる」という内容の条約です。「そんな夢のようなことができるのか」と言う人がいますが、現実にもう7つの地域で同じような条約は動いており、それを北東アジアにもつくろうというだけのことです。南半球の大部分は「非核兵器地帯」であることを、皆さんはご存じでしたでしょうか。

しかし、アメリカ、日本、韓国という自由主義圏とかつていわれた国だけで合意をとっただけでは十分ではありません。中国、ロシア、そして北朝鮮がこの条約に合意をしてもらう必要があるのです。

2023年11月　エノラ・ゲイ前で非核を誓う

ワシントンD.C.を訪れたときに、スミソニアン博物館の別館に展示してあるB-29‥エノラ・ゲイを見学してきました。広島に原爆を投下した銀色の巨大な爆撃機。この展示をよく見ると、エノラ・ゲイのすぐ脇に日の丸をつけた飛行機の翼が見えます。日本軍の戦闘機「紫電改」が無造作に、エノラゲイの翼の下に置かれているわけです。つまり、どれほど巨大な飛行機であるかを誇示しているのです。

ちなみに紫電改はB-29を撃墜した記録も残っています（※一例として：1945年5月5日、大分県竹田市上空高度6000メートル、長崎県の大村航空基地を飛び立った海軍の「343航空隊」は、決死の〝垂直背面攻撃〟でB-29を撃墜させた）。

原子爆弾を市街地の中心地に投下する合理的な理由などはまったくどこにもありません。彼らは、米兵の命を救うためだとか、戦争を早く終わらせるためだとか、後付けの理屈を言い教科書にさえも載せていますが、これこそが本当の最大の大量虐殺であり、日本の国民の命と健康をもって〝壮大な実験〟を行ったという証しではないでしょうか。その証拠に原爆投下後、アメリカはさまざまな調査を広島・長崎で行っています。

ワシントンD.C.では、『Why Japan? 原爆投下のシナリオ』（教育社／1985年／絶版）を書かれた、アージュン・マキジャニ博士とも直接お話をしました。

これは原爆を開発した「マンハッタン計画」に関わった人たちの証言や資料を集めた本です。共同通信の資料を元に制作されたもので、世紀をまたぎ40年越しで、私たちがアメリカに行き、マキジャニ氏に真実を教えていただこうと確認してきたわけです。明らかに多くのものが隠されています。

プーチン氏の知恵袋ともいわれるロシアの政治学者、セルゲイ・カラガノフ氏（外交防衛政策評議会名誉議長）が2023年6月13日に発表した「カラガノフ論文」と呼ばれるものがあります。

そこには、「欧米諸国は、核兵器の恐怖を忘れてしまった」「侵略行為のすべてに報復する先制攻撃の用意があることを、敵は知るべきだ」と、先制核攻撃の可能性が述べられており、世界に衝撃が走りました。

基本的にアメリカのディープステート、戦争屋にとっては、自分たちが反撃を受けるとはこれっぽっちも思っていません。自分たちはいつも安全な場所にいるからです。危険な戦地に送り込まれ命を奪われるのは、傀儡政権国家の若者たちです。本当に悲惨なことです。

そもそも、ロシアとウクライナは元はソ連邦の国であり、兄弟姉妹の関係です。タイで開かれたＡＰＰＦの場にロシアの議員の代表の方と話す機会があり、彼は私にこう言いました。

「私は片方の親がウクライナ人で、もう一方の親はロシア人です。今、このふたつの国が争いの中で分断され、互いを憎むようになり、互いを武器で殺し合う戦争に巻き込まれてしまっています。私に、自分の体を半分に割れとでもいうのでしょうか」ということを話してくれました。まさに、自己同一性、アイデンティティが崩壊する……そういう戦争でもあるのです。

※6　北東アジア非核兵器地帯国際議員連盟……北東アジア（日本・韓国・北朝鮮）地域で核兵器の開発・製造・取得を禁じる「非核兵器地帯」を実現する国際議員連盟。日本・韓国・北朝鮮が非核兵器地帯条約を締結し、米中露の近隣3か国はこの地域において核攻撃をしないことを保証する内容等の条約を提言する。

●――核戦争のリスク

核の脅威は北朝鮮だけではありません。日本はご承知の通り、核保有国に囲まれた状態です（中国、ロシア、北朝鮮、アメリカ）。

「日本独立」を思う方のなかには、「日本は核を持った方が良い、それこそが抑止力になるのだ」と考える方も多いと思います。

伊藤貫氏（国際政治アナリスト）が以前よりご指摘されているように、アメリカは、「日本にだけは核武装をさせない」という方針を貫いてきました。時々、「核武装するなりして日本も自立しろ」と発言するアメリカ人も現れますが、全体としては、日本はアメリカに依存した形を保ち、独自の防衛能力は持たせず、核武装なんてもってのほか……という方針で一貫していたと思います。

日本が仮に、アメリカの戦争屋から解き放たれ、晴れて本当の意味で主権を回復し、真の自主防衛権を行使する……といった場合、核武装も考慮すべきではないか、そんな議論もあります。

しかし、私にずっと見えている考えを述べさせていただくならば、核を選択肢に入れるという考えは、アメリカの戦争屋によるアメリカの戦争屋的な発想です。日本人の発想ではないのです。残念ながら伊藤貫氏のお考えとはそこだけが決定的に違います。

核戦争のリスクを考慮するならば、日本人が生き残るというだけに留まらず、むしろ人類全体が生き残るところからスタートさせなければいけないと思っています。日本人の命を軽んじているという意味ではなく、核の報復合戦のリスクを回避すべきなのです。

「いや、核は使うものでなく、抑止力として持つことが大事なのだ」とおっしゃる方もいます。

それでは、千歩下がって核を持ったとします。その時日本は、その核を持続的に持てる体制を築けるのでしょうか？　アメリカは日本に、核のボタンを預けられるでしょうか。

さらに言えば、日本は核攻撃に対する決定的な脆弱《ぜいじゃく》性を持っています。国土が狭く、都市の人口密度が高いことです。それはもう、核の時代においては圧倒的に軍事上の弱点です。「自分の弱い分野で勝負はしない」ことは戦略の基本です。

核を持つことで、日本が強くなるのだったら持った方が良いかもしれません。しかし絶対にそうはならないでしょう。

しかも、「核戦争のリスク」とは、相手に核爆弾を撃ち込む意思が生まれた時に生まれるのではなく、相手が撃ってきただろうと思った時、ある意味で〝間違って〟反撃をする時に起きるのです。

長崎大学「核兵器廃絶研究センター（RECNA／レクナ）」に所属する鈴木達治郎教授という優れた研究者が、そのようにおっしゃられています。

例えば、2023年4月13日に、北朝鮮がICBM級弾道ミサイルを東方向に向けて発射したことがありました。この時に北海道への着弾が想定され、7時22分頃に発射されたのにもかかわらず、Jアラート（全国瞬時警報システム）が発せられたのは7時55分、5分後の午前8時頃に北海道周辺に落下するとみられるとして、対象地域では警報音が鳴り響き、住民に対し直ちに避難するよう指示が出されました（Jアラートの警報が発令されたのはこの時が日本初）。結局その時はミサイルをロストしてしまい、避難指示が解除されたのは8時54分です。

これが日本の防衛体制の最新版の現実です。もし、敵基地攻撃能力が完璧で、日本が核を持っていたとしたら撃ち返さなければおかしい状況ともいえます。しかし撃っていたらもう核戦争です。その発射ボタンを誰が瞬時に押せるのでしょうか。

だからそういう意味でも、核はむしろ無力化する方向で、私たちは力を尽くすべきです。そのうちの一つが「北東アジア非核兵器地帯条約」の実現なのです。

「日本がアメリカの核に守られている（核の傘）」という政策も虚構だと多くの識者が指摘しています。

私は核廃絶一択ですし、日本の安全を確保するためには、「非核の傘」しかないと思っています。

日本に核爆弾を撃ち込んだ国は、一つしかありません。中国でさえ、核の先制使用をしないと言っています（少なくとも表向きには）。先制使用を排除していない国はアメリカです。

先述のマキジャニ氏による、マンハッタン計画に携わった方々のインタビューのレポートによれば、アメリカは1939年の時点で日本に核を落とすと決めていたというのです。日米開戦する2年も前にです。これをいったい、どう考えればいいのか？

核というものは、遺伝子製剤（新型コロナウイルス×ワクチン）と同じで、悪魔が持つとやはり実験材料にしたがるのではないでしょうか。実験と金儲けの繰り返しです。その悪魔を防ぐ手は、悪魔の排除しかないのです。核であろうが今回の遺伝子製剤だろうが、同じことです。

逆に考えると、その悪魔という存在は限定的です。

北朝鮮の核だミサイルだといいますが、北朝鮮が単独で行っていることとは到底思えません。

昔のロシア（ソ連）もそうです。例えば「ヤルタ会談」には密約が多く含まれているものでした。終戦間際の1945年8月9日、ソ連が一方的に日本領土を侵攻し、北方領土を占領したことは非難に値しますが、背後ではアメリカがお墨付きを与えていたのです。

このように考えてみると、日本にとっての最大の安全保障は、日本に核を落とした国＝アメリカを抑えておくことではないかと私は思うのです。戦後80年の今こそ、追い風の時です。

アメリカでもロシアでも中国でも、軍縮が求められていると思います。巨大な軍の重さで国が潰れてしまったのはソ連です。軍が強大になると、内部から崩壊する怖れが生まれます。

トランプ氏も軍縮を言い出しています。誰にも核を持たせない戦略は可能です。核を持つことは逆にリスクなのです。今は遠隔でポケベルまで爆発させられる時代です。核を遠隔で爆発させられてしまうリスクさえあるということに、気づかなければなりません。

核保有の議論、反論は尽きないとは思いますが、現実的にどうすることが我が国にとって最良なのか、複数の可能性を常に考慮し、準備を怠らないことだと思います。そしてもっとオープンに語られてしかるべきテーマではないでしょうか。

③「憲法と日本人」、戦争とは何か？

しきりに、憲法改正の話題を皆さんは口にしますが、その淵源《えんげん》はどこにあるでしょうか？

なぜ今やるべきなのか、また、なぜ今やってはいけないのか……本項ではそんな話がでたらと思います。日本国と日本人を考えるために「憲法」は実に大事な、私たちの土台となるものです。

私は、2000年代の初めに、民主党の憲法改正草案に携わりました。私たちはそのときに、憲法の条文や憲法そのものをどう変えようと考えていたのか。そして私はなぜ、【今、憲法を改正してはいけない】と考えているのか。

これまで憲法を扱う国会議員たちが、どういう認識で、何をやってきたかといったことを少し振り返りながら、皆さんと日本の憲法について考えてみたいと思います。日本独立を語る上で、外せないテーマであります。

憲法と戦争

「憲法」と「戦争」はセットで考えるとわかりやすいです。

まず、戦争とは一体何か。これはルソーが述べているように「戦争とは、相手方の権力の正当性原理を破壊する」こととします。

「正当性原理」とは、近代国家においては憲法に書かれてある《国家の安全と独立を守るための行動や権利》のことです。戦争の攻撃目標とするところは、憲法にある「主権」ということです。「戦争とは、国家主権や社会契約に対する攻撃であり、敵対する国家の憲法に対する攻撃という形を取る」という考えがルソーの説です。

この場合、憲法とは、社会を成り立たせている基本的な秩序であり、憲法原理を意味することがあらかたの一般的な理解です。

「相手国の社会を成り立たせる基本的な秩序」を憲法と定義するとすれば、「相手国の憲法を書き換えるのが戦争」だということもできるでしょう。

１９４５年8月15日、日本の全面降伏で終結した大東亜戦争（太平洋戦争）の前と後で、客観的に見ても、日本はこの社会の基本的秩序＝憲法原理を変えています。これを「変えさせられた」と見るか、「変えた」と見るのかによって、まったくスタンスが違ってくるでしょう。

よく日本国憲法は、アメリカからの〝押し付け憲法〟であるといわれます。1946年に制定された日本国憲法が、「アメリカGHQの主導で起草され日本に強制された」という見解から生まれた言葉です。占領国が敗戦国の原理を変えるとは何を意味するのか。戦争に勝てば許されることなのか？

その判決を好むか好まざるかにかかわらず、「東京裁判史観」が存在し、それは「戦勝国史観」といってしかるべきものです。東京裁判においてただひとり「戦犯は全員無罪」の判決を出したパール判事がおっしゃったその言葉については、私たちもしっかりと胸に刻んでおかなければいけないと思います。しかし、今から80年前に戻って歴史を修正することはできません。日本はあきらかに戦争に敗れたのです。

ポツダム宣言を受け入れたことで、戦後80年のこれまでの歩み、平和国家としての歩みがあるのです。その敗戦を受け入れた歴史や日本人の覚悟までを、否定されてはならないとも思うのです。日本国憲法は、先人の方々による「2度と戦争をしない」という覚悟と誓い、そして宣言も含まれているのです。

戦争についてもう少し考えてみましょう。

『戦争論』で有名なクラウゼヴィッツ（1780～1831年）という軍事思想家の言葉を参考にしてみたいと思います。クラウゼヴィッツは、フランス革命後のナポレオンの軍隊と戦って敗退したプロイセン（ドイツ）の軍人です。彼がベルリンの陸軍大学校の校長のときに書いたものが『戦争論』です。

その中でクラウゼヴィッツは、「戦争は戦争単体としてはない」ということを述べています。当たり前ですね。戦争は政治的交渉の一部であり、それだけで独立して存在するものではありません。つまり「戦争とは、武力による政治である」と述べているわけです。

基本的に人間は、「他人を無闇に虐殺する脳（習性）はない」と耳にしたことがありますが、ところがいざ戦争になると残念なことに、私たち人間は獣《けもの》以下、人が人でなくなる、そういう極めて異常な暴力に巻かれてしまうことがあります。

武力ではなく言語を使った政治。これを「外交」といいます。外交の延長線上で、言葉が暴力に負けてしまうときに戦争となる。つまり動物的な人間として当たり前の状態……争わないで、人を殺さないで、侵略しないで、解決を見つける……ということが破綻した状態が戦争なのです。だから戦争とはそれが単独であるわけではなく、「外交の敗北」または「外交の拒否」の状態といっても良いかと思います。

人類の歴史は「戦争の違法化」の歴史ともいえます。特に第一次世界大戦以降は、世界各地で殺戮が繰り返された悲惨な戦争ばかりです。とてつもない大量破壊兵器が生まれ、一度にたくさんの民間人を含めた人々を殺害するようになりました。

だからこそ、「戦争は違法である」ということがずっと根底に流れている日本国憲法は、その人類の理想形を先取りしたものだともいえるのではないでしょうか。

理想を先取りしたものであるにもかかわらず、常にその意味をないがしろにするものの挑戦を受け続けている歴史もあり、本当にそれは不幸なことだと思います。

●解釈憲法でよいのか？　集団的自衛権の行使をめぐって

それらを踏まえた上で、「憲法」とはいったい何なのか。「日本国憲法」とはどういう性質のものなのか。憲法に馴染みのない方も、本項が少しでも考えるきっかけとなれば幸いです。

私の18年前に出した著書『平和』（ゴマブックス）の中で、枝野幸男さんと憲法対談をしています。当時は二人とも民主党で、日本国憲法をもっと良きものに変えようと、共に切磋琢磨していたのです。

日本国憲法は、日本の右派の基本的な解釈では、まさに〝アメリカに押し付けられた憲法〟で、「集団的自衛権、あるいは国連憲章で認められている自衛の権利さえ日本国憲法は認めていない。だから憲法9条を修正して、しっかりと武力行使、自主防衛ができる国にするのだ」という論があります。

また一方では、憲法前文をしっかり読んでみたらいいという論もあります。「政府の行為によって再び戦争の惨禍が起ることのないようにすることを決意」し、「われらは、平和を維持し、専制と隷従、圧迫と偏狭を地上から永遠に除去しようと努めている国際社会において、名誉ある地位を占めたいと思う」

これらはいかに受け取るべきでしょうか。

逆に、「憲法を守ろう、平和主義を徹底しよう」とする左派の者からすると、日本国憲法の条文、特に9条の条文は接ぎ木だらけに見えてしまいます。読み方でいろんな解釈ができてしまうのです。

つまり戦後は〝憲法改正なき解釈改憲〟を許してきたともいえるでしょう。

そう考えると、「解釈改憲をさせないための憲法改正」という道も一つあるわけです。それが2002年に我々が提出した民主党の憲法改正案でした。当時はすでに戦後50年以上が経っていましたから、私たちには「自らの国の基本法を、自らの言葉で作り直そう」という意気込みと矜持がありました。

憲法改正なき解釈改憲といえば、皆さん真っ先に何を思い浮かべますか？　そうです。

「集団的自衛権の一部改正」（2014年7月）です。

安倍晋三首相（当時）が岡崎久彦氏（1930〜2014年／外交官・評論家・安倍内閣のブレーン）らと綿密な相談をして、憲法改正なくして「解釈」で憲法を変えたのです。

岡崎氏は、外交・安全保障の専門家として、日本の防衛政策に関する議論に多大な影響を及ぼした人です。彼の主張の核は、日米同盟の強化にありました。集団的自衛権を行使できるようになることで、アメリカとの軍事的な協力がより強固となり、日本の防衛力を強化できると考えていました。そして、憲法9条が集団的自衛権の行使を制約してきたことを批判し、憲法の解釈を見直して適応させたのです。

余談ですが、松下政経塾で彼に習ったことがありました。

20代だった私は、岡崎氏に「ロシア（当時はまだソ連）を勉強したい」と申し出ました。理由を聞かれたので私は、「西側にいる我々は相手側を知らなければいけません。敵を知れば危うからずと言うではないですか」と言いました。そうすると「駄目だ。アメリカをまず学んでからロシアを勉強しろ」とお答えになりました。

彼が言ったことは確かにその通りで、日米関係の重要度が「100」だとすると、当時の日ロ関係の重要度とは「1」だということもおっしゃっていました。「ロシアを勉強するなとは言わん、だけどアメリカを学んでからやれ」ということで私はアメリカを学びました。

その結果が、《アメリカの戦争屋が起こす戦争はそのほとんどが自作自演》、そして、《戦争屋、軍産複合体が跋扈《ばっこ》する国》ということが次第にわかってきたということなのです。岡崎氏には今でも感謝をしています。

その岡崎氏が2つの案を出しました。それが【フルスペックの集団的自衛権の行使】と、今動いている【集団的自衛権の一部容認】という解釈改憲案です。〝一部〟というのは〝特定の状況下でのみ〟[※7]という意味です。

振り返れば、安倍内閣は本当に、「謙抑的」という言葉の真逆にあったと思います。いろいろなものを自分たちの都合の良いように変えていった内閣です。例えば、公共放送、内閣法制局。司法や検察にまで手を突っ込みました。

私は当時（2014年）、安倍氏にこう言いました。

「憲法解釈を変えて、集団的自衛権を一部容認する前にも、『日本はガイドラインを変えることによって切れ目ない防衛ができる』と宣言をしていましたね。あなたはここで集団的自衛権の一部容認ということに踏み切るけども、何か法的に変わるとしても、実際に安全保障のところで変わることがありますか？」と申し上げたところ、彼は「変わらない」と言いました。

また同じ頃、私たちはある勉強会で一緒でした。そこへ自民党のナンバー2の人が私の横にやって来て、「一博君、今回の改正というのは、憲法の解釈が180度転換されたなんて言っている人がいるけど、実は自衛隊を認めた段階で、170度変えているのだよ。今回は180度のうち、残りの5度を変えたに過ぎない」と言うのです。

なるほどそういう見方をしているのだな、と参考にはなりました。これはその考えが正しいという意味ではなく、そういう考えの元で彼らは変えたのだということを理解すれば良いと思います。

ちなみに、「集団的自衛権」が危険なものであるという見方は、世界ではむしろ少数派です。「個別的自衛権」の方が、国単独で戦争を仕掛けるため、かえって危険だという考えもあります。

※7　集団的自衛権が行使される特定の状況下……日本の存立が脅かされ、国民の権利が根本から覆される明白な危険がある場合のこと。例えばアメリカ軍や多国籍軍が攻撃された場合でも、それが日本の安全に直接的な脅威となると判断される場合に限る。また、行使できる武力の範囲は「必要最小限度」に制約される。

●――「憲法」とは権力を縛るもの

憲法とはそもそも、〝国民が国家の権力を縛るものであり、個人の権利や選択の自由を保障するもの〟です。それが近代の憲法が大前提とした立憲主義です。

こういった話も安倍首相（当時）と国会で議論をしました（２０１８／平成30年2月6日衆議院予算委員会）。

「憲法というものは一体何だと思いますか」。

という私の問いに彼は、

「その国の形、また理想を語るものでもある」

と言いました。

権力を縛るものだという大前提については認めていました。当たり前です。私たち国会議員は、憲法99条で「尊重擁護義務」※8が課されているのです。つまり、国家の役割を担う人々が憲法を守ることを義務付けることで、国民の権利を保障し、権力の濫用を防ぐ役割を果たしています。

憲法99条は、立憲主義の原則を反映しており、国家権力が憲法を超えて行動することを防ぐために重要な条項なのです。憲法99条を守らない人間が、9条を改正することなどできません。ましてや裏金で汚れた手で憲法を変えるという行為に臨むことは、とんでもなく道理を外れたことだとも思います。

いわゆる一般法、自分たちに関係する法律さえ守らない人間が、自分の都合に合わないからといって法律や憲法を取っ払うなどあり得ません。

もう一度言います。憲法とは「国民が国家の権力を縛るもの」であり、それこそが近代が大前提にしている立憲主義です。

「憲法という国の形があるなかで、一人ひとりが自由に自分の生き方を選ぶべきだ」

これは私が大学で教わった憲法学の権威、樋口陽一氏（1934年～／法学者・東北大学名誉教授・東京大学名誉教授）の言葉です。

また、護憲派としても著名な先生は、改憲についてこうもおっしゃっていました。

「もし、歴史を真正面から学び、そこから真正面に正対をし、人権や人間の尊厳の保障や自由という問題を守るために戦い、それらを守るために歴史問題や人権問題に取り組みながら改憲論を進めるというのならば、私個人はそれでも改憲には賛成しないだろうが、それは尊重すべき改憲論だと思う」と。

郷土佐賀の偉人である江藤新平侯[※9]はこういう言葉を残しています。

「すべての法律の基は人権にある」

人間の尊厳を蹂躙して検閲を行うような人たちに、憲法に触ってほしくありません。人権を軽視する人に、まともな憲法がつくれるはずもありません。

この国家の権力の正当性の源泉はどこにあるか。それは言うまでもなく、主権者である国民にあるのです。そして、国民から代議する権利を付託されたのが、私たち代議士（衆議院議員）です。立憲主義、国民主権を外して社会は成り立ちません。

※8　日本国憲法第99条……尊重擁護義務。天皇（又は摂政）と全ての公務員が憲法を尊重し擁護する義務があることについて規定している。

※9　江藤新平……1834～74年。佐賀藩士。明治政府では初代・司法卿として司法制度を整備し、「近代日本司法制度の父」「人権の祖」と称される。「三権分立」を推進し「四民平等」を浸透させた。「佐賀の役」（1874年）の首謀者として死刑となった。享年40。

●――原口一博、宮澤喜一蔵相との憲法議論

私は国会で、宮澤喜一蔵相（当時）と憲法についてもやり取りしました。とても印象深い答弁でした。今から24年前、40歳も年上の大先輩との貴重な答弁です。

宮澤喜一代議士は当時はもう総理ではなく大蔵大臣でした。ちょうど宮澤氏のときに大蔵省から財務省へと名称が変わりました。若い頃の私を育ててくれたのは宮澤喜一氏です。自分に胸を貸してくれた横綱に挑むつもりで、質疑に立ちました。

――2000（平成12）年2月21日、衆議院予算委員会・第147回国会朝会、から引用します。

原口予算委員　まず大蔵大臣にお尋ね申し上げます。いよいよ現行憲法及び憲法調査会で始まった憲法論議に対して、私たち政治家の姿勢が問われています。そこで大蔵大臣、長い間政権の中枢におられ、そしてこの国を引っ張ってこられたその立場で、現行の憲法に対して、そしてこの始まった憲法調査会についてどのような御所見をお持ちか、まずお尋ねを申し上げます。

――所管外ですから答えないという選択もありましたが、お答えいただきました。

宮澤国務大臣　所管のことではございませんけれども、それを御承知の上でお尋ねであると思いますので、憲法調査会ができまして現行の憲法についての諸種の調査審議をなさるということは、私は基本的に賛成でございます。

次に申し上げたいことは、戦前から生きてまいりました、また軍隊にも参りました人間として申しますことは、日本は、自衛隊を外国に派遣するようなことはあってはならない、ということは今日まで続けて考えて参りました。自衛のために何をしてもいいということは、もちろん当然のことでございます。

――それぞれの国には自衛権というものがあるわけです。それは国連憲章の中にも定められています。だから日本国憲法では「自衛隊は武力ではなく、自衛権を行使するための機関である」という建て付けです。

宮澤国務大臣　しかしながら、そうではあっても、自衛隊を外国に派遣するということは、言い直させていただきます、日本が外国で武力行使をするということは、私はどういう理由であれ、決して国のためにいいことではない、国外で、外国で武力行使をするということは、決して日本のためにならないということは、いまだにその考えは変えておりません。

——この当時は、緊急事態条項の話ではなく、自衛隊の海外派遣をするかどうかが論争の焦点でした。湾岸戦争のときの自民党は属国丸出しで、アメリカに「日本は金だけ出して、血を流さない」と言われてオタオタとしていたときです。自民党青年局長だった私が憤って、先輩方に厳しく問いただした話は第2章に書きました。

日本は非軍事の分野で、ケネディ平和部隊をしのぐような活躍をどれほどしたことか。尻尾を巻いてアメリカの言うことを聞くだけでなく、もう1回言い直せと言いに行きました。大変生意気なことだったけども、今でもそれは間違いではなかったと思っています。

私は、恥ずかしかったのです。当時は若い青年局長でしたから、自民党という組織をまだ非常に信頼しているときでした。でも「駄目だ！　こんなに尻尾を巻いた人たちに、日本を立ち直せるわけがない！」と気づきました。いくつもの弱体化装置を入れられ、それを跳ね返す力もない。跳ね返そうとした人間は、政治的に終わらせられ、命まで奪われると当時から言われていました。実際に先輩議員に「そんなことやってると政治生命なくなるぞ」と言われました。でも「それが一体何だ。何のために議員をやっているんだ！」と。いち県会議員だった私は主張したのです。

宮澤氏の言葉に戻ります。

宮澤国務大臣　ただ、最後に申し述べますことは、そういうふうに今まで考えてまいっておりますけれども、新しいジェネレーションが誕生されて、日本の将来についてまた別の考えを持ち、別の決断をされることは、それはあり得ることでございますけれども、それは恐らく自分がもうこの世の中にいないときのことであろう、それについては私は何も申すことができませんので、ただ、私が聞かれれば、日本は外国で武力行使をすることがあってはならないということは、私はやはり大切なことだと思っています。

今、宮澤氏はおられません。それについて私は何も申すことができません。ただ、私も誰かに同じことを聞かれれば、「日本は外国で武力行使をすることはあってはならない」と宮澤氏と同じことを言うでしょう。大切なことだと思っております。これは実に立派な答弁です。私にとっては遺言みたいなものです。

しかし、信じられないのは、この宮澤氏の下で岸田文雄氏は勉強をしていたのです。私の横で同じことを聞いているはずなのです。同じ宏池会の大先輩であり、岸田氏も宮澤氏のことを「政治の師」だと公言しています。

憲法というものは、流行の服を着替えるような、軽々しいものではないということです。そして、「押し付けられた憲法」というようなことを言っている人がいますが、それこそ、自虐史観です。この80年間、この平和憲法によって、どれだけの役割と誇り高き仕事を我々日本人は成し遂げてきたか。そういった諸先輩方が築いた尊厳をかなぐり捨てたのが近年の自民党政権です。

●日本独立のための憲法論

第三次世界大戦の導火線に火をつけてまわっている戦争屋に対し、世界はいかに連携して平和維持のために動いていけるでしょうか。

2024年9月12日、北京でそれぞれの国の軍人、防衛大臣が集まり、安全保障、地域紛争などの世界的課題について議論がされました。[※10] 米国からは国防総省のマイケル・チェイス副次官補（中国担当）が参加しましたが、そこに日本代表の姿はありませんでした。

ウクライナのゼレンスキー政権にお金を出すのは誰ですか。1兆8000億円を出したのは誰ですか。だけど肝心の話し合いに呼ばれていないのはなぜでしょうか。日本には平和につながる貢献を期待されていないのでしょうか？

「日本独立のための憲法論」を考えるとき、「憲法とは国民が権力を縛るもの」という憲法の原理原則を外してはなりません。どんなに民主的に選ばれた権力者であっても、間違えることがあることを前提にした仕組みだということです。

本来、権力者は民主的な手続きで選ばれているはずですから、その人たちに任せておけば問題ないと一見思えます。ところが、一時の多数派が、必ずしも長い目で見たときに正しい選択をするとは限らないのです。

あのヒトラーでさえ、ワイマール憲法下で、国民の大多数の支持を得た「民主主義のルール」に従って政権の座に就いています。だから、「選挙で勝利した多数派でも過ちを起こすため、主権者である国民の側があらかじめ枠にはめておきましょう」という過ち防止の枠組みが憲法なのです。

特にこの近代、19世紀から21世紀にかけての人類は、平和の問題で大きく間違えていて、一部の戦争屋勢力に蹂躙されっぱなしといってもいいでしょう。おそらくこれから何千年と人類が続いていくとすれば、この時代は最も野蛮で愚かな時代だったと語られるのかもしれません。我々はそんな暴力的な時代に、今生きているのです。

だから、憲法というものが、よりいっそう大事な意味を持つのです。民主主義は万能ではありません。民主主義において権力の暴走を止める最後の砦が、憲法といえるでしょう。

しかし、9条の解釈一つを巡っても、その解釈が幾重にも変化しています。だから将来は、もっと解釈の余地の少ないものが良いだろうと思っています。ただこれまで、憲法の解釈論を積み上げてきていますから、その積み上げを大事にした憲法改正も一方であると思います。

他方、我が国には「指揮権密約」があります（※詳細は第2章にて解説）。「基地権密約」「管制権密約」もあり、そしてアメーバのような傀儡政権が居着いているのです。

私はずっと国会に出し続けている法律があります。私が提案者となっている「国民投票法」の改正案です。これは「外国人は国民投票に介入してはならない」という法案です。当たり前のことです。例えば外国人や外国勢力が自分たちが有利となるCMをバンバン打って投票に影響を与えるのなら、それは外国人の憲法になってしまいます。「国民投票法」という憲法改正の手続き法にはいくつかの不備がありますので、[※11] まずそれを正せと提案しているのです。

しかし彼ら政権与党はずっと「吊るし」といって、この法律の審議に入らず、次の国会に先送りするはずです。触ろうともしないのです。「原口さんが言っている通りですよ」

とよく言われますが、やっていることは放置です。言っている通りだったら通せと。日本国民のために通せ。それさえしない（できない）というのは、外国勢力の介入に対してあまりに無防備ではないでしょうか。

外国の宗教団体や勢力に、我が国の憲法を触らせても良いのでしょうか。駄目に決まっています。自主独立。敗戦後の総決算が今こそ必要です。

このように本当の意味での「日本独立」を考えていくと、あるべき憲法の姿が時代とともに浮かんでくると思います。

そして、2024年現在の私としては、今のような自公政権、拝米保守が主流で、いくつもの密約でがんじがらめになっているようなときには、「憲法は触るべきではない」というのが現実的な答えです。

単なる憲法改正反対ということではなく、〝安易な憲法改正を防ぐ仕組みを強くしなければならない〟ということです。ましてや「緊急事態条項」といった、憲法を停止することができる条項は、絶対に許してはなりません。

まったく憲法のことを知らない、外国の影響を受けまくっているような政治家が軽はずみに、「憲法改正は真っ先にやりたい」などと発言するような風潮も、改めるべきです。

9条改正云々の前に、我が国固有の「平和の理念」といったところをきっちり作るべきです。そして樋口陽一先生が指摘されているように、憲法を論じる上での必須条件というものがあるのです。

※10　北京香山フォーラム……2024年9月12～14に開催（第11回目）。100以上の国・地域・国際組織の防衛当局者および専門家・学者が参加し、参加者数とレベルはいずれも過去最高。今回は参加国に、米国、ロシア、ウクライナ、イスラエル、NATO、EUが含まれたことで注目された。

※11　「国民投票法」の不備……テレビ・ラジオCM、インターネット広告の規制の不備。外国人による資金提供や広告の影響への不備。最低投票率の規定がない。18歳未満の政治教育が不足。国会による慎重な審議が不足。

④うちなんちゅとちゅらうみ。沖縄から考える日本独立

「日本独立」を考えるとき、沖縄を外して考えることはできません。80年前の日本で行われた戦争において、沖縄は唯一本土に米軍が上陸し、銃弾、爆弾の嵐が吹き荒れた戦地です。およそ20万人の沖縄の住民が命を落としました。

そして沖縄は、1952年4月28日にサンフランシスコ平和条約が締結されたあとでも、アメリカによる占領状態は続き、1972年（昭和47年）5月15日になってようやく、米国との沖縄返還協定が発効し、沖縄の施政権が日本に返還されました。

私の地元の佐賀でも、お父様を沖縄戦で亡くしたご経験からご遺骨の収拾活動をされている方がいらっしゃいます（塩川正隆著『ものいわぬ人々に』朝日新聞出版）。

どれだけの時間が経っても、沖縄の傷が癒えることはありません。本当に無残な戦争です。

沖縄は戦後、どのような歩みを続けてきたのか。そして「沖縄から考える日本独立」について、述べてみたいと思います。

●──沖縄統治時代の抵抗運動の英雄・瀬長亀次郎と不屈館

私は挫けそうになったとき、瀬長亀次郎《せながかめじろう》先生※12の生き様を思い返してきました。そして沖縄本島に行った際には必ず、瀬長先生の史料をまとめて展示してある「不屈館《ふくつかん》」を訪れます。

瀬長先生はうるま新報、後の琉球新報の社長を務められ、沖縄の本土復帰前には那覇市長、立法院議員として活躍していました。本土復帰前の沖縄には独立した琉球政府の立法院があり、その立法院議員を3期と、沖縄人民党の委員長まで務めた方です。さらに本土復帰後は国政に参加され、衆議院議員となりました。

衆議院議員としては、沖縄人民党と日本共産党において通算7期務められました。共産党幹部会の副委員長もされておりました。

アメリカによる27年間に及ぶ沖縄統治時代、瀬長先生は沖縄人民党を組織し、圧政に対する抵抗運動を牽引した沖縄の英雄、第一人者なのです。

瀬長先生の経歴を見た限りでは、共産党の方と思われるかもしれません。私には左右保守かかわらず、様々な同志がおり、尊敬する先生がいます。私は人物本位でみます。右や左、保守や革新といったイデオロギーで政治家をみる傾向が希薄な代議士です。

翁長雄志《おながたけし》元沖縄知事が立ち上げられた「オール沖縄」は、日本政府のあまりの米国従属、拝米保守に業を煮やし、〝保守と革新を越えた沖縄〟を掲《かか》げて発足しました。発起人の翁長氏は自民党の沖縄県連の幹事長でしたが、自民党のみならず共産党や社大党（沖縄社会大衆党）も含め、超党派で志を一にする幅広い支持者によって結集した団体なのです。

瀬長亀次郎先生は治安維持法違反で検挙されたり、横浜刑務所に投獄されたりと、本当に苦難、苦闘の道を歩んでおり、選挙にも完璧に介入され、新聞社時代にも軍の圧力で社長を辞任させられたりと、あらゆる困難が襲い掛かりました。そんなさまざまな苦難に見舞われるなかでも不屈の精神を持ち続け、抵抗運動の旗印となり、同じ志を持つ方々の支持を集めていったのです。

これはまさしく、ゆうこく連合と同じです。党派を超えて、日本独立を掲げ、賛同される方に集まってほしいという願いで立ち上がっています。拝米、戦争屋、ザイム真理教従属、自分の議席欲しさに流れていく人たち……そういう人は何党だろうがもう結構です。必ず変えていきます。日本再興、日本を衰退から成長に、日本の現状に気づいた人々が立ち上がっています。

※12　瀬長亀次郎……1907～2001年。沖縄県島尻郡豊見城村（現豊見城市）生まれ。那覇市長、衆議院議員として活躍。沖縄の自治運動や平和運動、反米基地運動の象徴として「不屈」の精神で闘った。ドキュメンタリー映画、書籍も多数あり。

●――「沖縄復興一括交付金」

私は総務大臣時代（2009～2010年）に、「一括交付金」をつくりました。佐賀の県議会議員の時に経験した、苦い経験が原点です。

佐賀県内の私が住んでいる地区で、水路を作る議案がありました。地区内では公民館が焼失したことなどもあり、住民のために造らなければいけないものはさまざまあったものの、国と県と市でそれぞれ分担をして、見積もった15億円のうちの7億5000万円が国、残り7億5000万円を県と市で分けることになりました。

作りたいのは水路ではなく、公民館と社会教育施設だと思いながらも、中央政府から7億5000万もの予算が来ると、そのお金は当然、佐賀県内をまわりますので、来ないよりは良いことは明らかです。しかし、来るのであれば別の案件でも来た方がより良いこともまた事実でした。議会での起立採決をして、私たち半数以上の人間が立ち議決されました。しかし、私はこのことをずっと気に病んでいました。

こういうお金はいわゆる〝紐付き補助金〟といわれるものです。政府から「あなたはこのお金でこれをやりなさい」と紐付きになっており、するとそこには必ず利権が生まれ、裏金ともいえるマージンを取る者がいるのです。紐付き補助金は腐敗の温床となります。

こうした仕組みでは、地方が良くなることはまずないといえます。ましてや、長年アメリカに占領されていた沖縄が良くなることは極めて難しいと断言できます。

さらに沖縄には一方で、予算のケタが2ケタ違うような膨大な公共投資がなされています。私が佐賀県議時代に見ていた桁と、一桁ほども違う額です。これでは一つの工事に多大なコストがかかることになり、その分土地も買収しにくくなり、沖縄にとってもその被害は二重になってしまうのです。

そのような反省があったために私は総務大臣になったときに、紐付きではなくその地域で自分たちが必要なものに自由に使える独自財源としての「一括交付金」を提案したのです。

しかし、意外にも大きな抵抗がありました。「中央で指導してもらわなければ、地方は何に使って良いかがわからない」と言うのです。

そんな首長なら「自治体」は要らないでしょう。国の出先機関にすればいいのですから。首長のなかには「一括交付金が良いに決まっています」と言ってくださった人たちもたくさんいましたが、「それでは困ります」と言った首長がいたのも事実でした。

私が「私は、国全体を浮上させるために、国民全体のことを考えているので、地域のことはあなたが責任持ってやってください」と言うと、「そんな大臣今までいませんよ」と答えられたこともありました。

のちに自民党政権となり、「一括交付金」の制度は残念ながら全廃されましたが、沖縄だけは廃止を免れ「沖縄復興一括交付金」[※13]として今でも存続しています。その結果として、沖縄県内でＩＣＴを活用した教育が実現したり、とらやの羊羹の原料にもなるサトウキビを活用する黒糖工場ができました（ただし予算は減少傾向にあります）。

「一括交付金」のことで一番よくやっていただいた首長のお一人が、石垣島の中山義隆市長（１９６７年〜）です。大臣の時以来のお付き合いを重ねてきました。しかし、中山市長のアイデアでまだ実現できていないものがあります。それは「沖縄金融特区」の計画です。

日本は東西にも南北にも長いため、当然、沖縄の方が日の出日の入りの時間が遅く、東京と沖縄には時差のようなものがあります。だいたい1時間の時差を作ろうと思えばできるわけです。その1時間を使って一つのマーケットを作ることができる。1時間違うことによって、さまざまなアドバンテージを生みだせる可能性があるのです。

中山市長は観光振興にしろ、石垣空港の整備にしろ、結果を出す市長です。

※13　沖縄振興一括交付金……年沖縄振興に資する、沖縄の特殊性に基因する事業を対象とする使途の自由度の高い国庫支出金。２０１２（平成24年）創設。２０１４年度の１７５９億円をピークに年々減少し、23年度には過去最低の７５９億円となっている。

です。

●国家主権と国益を守るために行動する議員連盟

沖縄の米軍基地では、平時であるにもかかわらず戦時並の配備がされているのも大問題です。

「同じ飛行機でも、米軍の飛行機と、日本の自衛隊の飛行機で感じるうるささが違うのです。この感覚分かりますか。いつ空から落ちてくるかわからない。だけど何にも言えない。自由自在に飛び回られる。この恐ろしさが分かりますか。」そう言った町長の言葉が、今でも耳に焼き付いています。

現に、沖縄国際大学や小学校や保育園にヘリコプターが墜落したり、部品が落下したり、これまでにも耐えがたい甚大な被害が起きています。

毎年1月14日は「尖閣諸島開拓の日」です。おそらく沖縄選出の国会議員以外で、最もこの式典に参加している国会議員は私だと思います。

私は尖閣諸島を空から3回視察しています。[※14]民主党政権は政府の飛行機を出してくれませんでした。

視察に際して、民主党の執行部からは中止するよう求められましたが、自分の国の領土に行くのになぜ止めるのかと突っぱね、飛行機をチャーターして超党派で5人の同志と行きました。藤田幸久氏、河井克行氏、柿沢未途氏、橘秀徳氏、瑞慶覧《ずけらん》長敏《ちょうびん》氏、そして私です。

このメンバーは全員、「国家主権と国益を守るために行動する議員連盟」のメンバーです。私はその共同代表として、「国家主権三法」という法律をつくりました。

「国家主権三法」の一つ目は「領海法改正」です。日本は世界で6番目に広い領海を持つ国ですが、海上や海のなかに関する法律はほとんど整備されていないといえます。沈没船の財産なども盗まれています。日本財団の笹川会長のお知恵もお借りして、領海をしっかりと守るための法律、改正案をつくりました。

2つ目は、国家戦略上「重要な土地の先買い」の法律です。防衛上極めて重要な土地を、他国に買われてしまうことは非常に危険なことです。土地に関する法律は所有権との問題があるため、法制的にも困難なことが多く、苦労することもたくさんありましたが、法文化しました。

土地の問題は所有者の高齢化もあり問題となっています。後継もおらずに手放すのです。手放した先はどこですか。外国資本です。外国人による土地購入が、喫緊の問題となっています。日本の山や島を手放してはなりません。

そして3つ目が、「国境離島の振興法」です。振興をせず、口先だけで防衛が重要と主張しても、国境離島が寂れて住民が減り人が住まなくなれば、防衛の陥欠をつかれてしまいます。

防衛のためにも国境離島の振興は不可欠ですので、新法をつくり、提出しました。現在はその一部が通り、今でも動いています。

※14　2010年10月9日、中国漁船衝突事件（2010年9月7日）後、尖閣諸島を上空より視察した。原口一博（当時は民主党）は「わが国の領土だということを実感した。この地域の重要さも痛感した」「中国であろうがどこであろうが、外交は自らの意思をしっかり相手に伝えることだ。あいまいにするのは本当の外交ではない」と政府（民主党）を批判。民主党の岡田克也幹事長は日中関係に与える悪影響に不快感を表明。

●万国津梁《ばんこくしんりょう》の精神と翁長知事の『平和宣言』

翁長雄志元知事は2018年に逝去されましたが、2015年の沖縄全戦没者追悼式で遺された『平和宣言』があります。私は今でもこれを指針の一つとして、何回も読み返しています。「日本独立」の思想の種がここにはたくさん埋められていますので、あらためまして、皆さんにもご紹介させていただきたいと思います。

『平和宣言』翁長雄志（２０１５／平成27年6月23日）

私たちの郷土沖縄では、かつて、史上稀に見る熾烈《しれつ》な地上戦が行われました。20万人余りの尊い命が犠牲となり、家族や友人など愛する人々を失った悲しみを、私たちは永遠に忘れることができません。それは、私たち沖縄県民が、その目や耳、肌に戦《いくさ》のもたらす悲惨さを鮮明に記憶しているからであり、戦争の犠牲になられた方々の安らかであることを心から願い、恒久平和を切望しているからです。戦後、私たちはこの思いを忘れることなく、復興と発展の道を力強く歩んでまいりました。

しかしながら、国土面積の０・６％にすぎない本県に、日米安全保障体制を担う米軍専用施設の７３・８％が集中し、依然として過重な基地負担が県民生活や本県の振興開発にさまざまな影響を与え続けています。

米軍再編に基づく普天間飛行場の辺野古への移設をはじめ、嘉手納飛行場より南の米軍基地の整理縮小がなされても、専用施設面積の全国に占める割合はわずか０・７％しか縮小されず、返還時期も含め、基地負担の軽減とはほど遠いものであります。

沖縄の米軍基地問題は、わが国の安全保障の問題であり、国民全体で負担すべき重要な課題であります。特に、普天間飛行場の辺野古移設については、昨年の選挙で反対の民意が示されており、辺野古に新基地を建設することは困難であります。

そもそも、私たち県民の思いとは全く別に、強制接収された世界一危険といわれる普天間飛行場の固定化は許されず、『その危険性除去のため辺野古に移設する』『嫌なら沖縄が代替案を出しなさい』との考えは、到底県民には許容できるものではありません。

国民の自由、平等、人権、民主主義が等しく保障されずして、平和の礎を築くことはできないのであります。

政府においては、固定観念に縛られず、普天間基地を辺野古へ移設する作業の中止を決断され、沖縄の基地負担を軽減する政策を再度見直されることを強く求めます。

一方、私たちを取り巻く世界情勢は、地域紛争やテロ、差別や貧困がもととなり、多くの人が命を落としたり、人間としての尊厳が蹂躪《じゅうりん》されるなど悲劇がいまなお繰り返されています。このような現実にしっかりと向き会い、平和を脅かすさまざまな問題を解決するには、一人一人が積極的に平和を求める強い意志を持つことが重要であります。

戦後70年を迎え、アジアの国々をつなぐ架け橋として活躍した先人たちの『万国津《ばんこくしん》梁《りょう》』の精神を胸に刻み、これからも私たちは、アジア・太平洋地域の発展と、平和の実現に向けて努力してまいります。

　未来を担う子や孫のために、誇りある豊かさを創りあげ、時を超えて、いつまでも子どもたちの笑顔が絶えない豊かな沖縄を目指します。

（産経新聞ＨＰ：https://www.sankei.com/article/20150623-KE5NS7O3AJNVTOSDCD5KN5F2VI/）


翁長知事のこの演説は沖縄の人々の魂の叫びです。私はこの叫びを胸に刻んでいます。翁長知事の平和宣言は、「悲惨を極めた沖縄戦と戦後のたゆまぬ努力」、「米軍基地に集中する過剰負担による沖縄の現状」、そして「恒久平和実現に向けた強い意志」。この３つの柱から成り立っています。

　憲法改正を安易に語り、戦争の惨禍を忘れた人たちに、恒久平和を熱望する国民の気持ちがわかるのでしょうか。自分が戦地に行くわけではないでしょう。自分の住んでいる場所が戦地になるとは思っていないでしょう。

　自分たちはぬくぬくと裏金にまみれるなかで肥え太っているのに、戦場へ行くのはいつも貧しい国民です。

　沖縄の米軍基地の問題は、我が国の安全保障の問題です。つまり国民全体で負担すべきであり、沖縄だけに押し付けるような問題ではないことを『平和宣言』ではっきり述べられています。

そして、「国民の自由、平等、人権、民主主義が等しく保障されずして、平和の礎を築くことはできない」……この一文もとても大事です。「日本国憲法の基本原理である、国民主権、基本的人権の尊重、平和主義が、沖縄では守られていない」と強く訴えているのです。

〝万国津梁〟という言葉がでてきます。この意味は「世界の国々の架け橋となる、互いの違いを尊重する」ということです。

沖縄には万国津梁館という場所があります。2000年に行われた「九州・沖縄サミット」の会場となった施設です。名の由来は、かつて首里城正殿にあった「万国津梁の鐘」によります。

ハワイも同じです。ハワイ大学のイーストウエストセンターのチャールズ・モリソン理事長から学んだことですが、イーストウエストセンターは、東の文化と西の文化の融合、それぞれを尊重しあい認め合うことを基本理念にしており、これも一つの万国津梁と言えるのではないでしょうか。

加藤陽子氏の著書『戦争まで　歴史を決めた交渉と日本の失敗』（朝日出版社）のなかでは、ルソーの言葉を引用して、「戦争によって書き換えられたはずの憲法が、戦争の惨禍を最も被った、琉球、沖縄では最も守られていない」と、語られておられます。

本書をお読みの皆さん、本当の独立の意味、日本独立の意味をともに考えていきましょう。

翁長雄志氏も、天から見守ってくださっておられます。

⑤国家と歴史。歴史に学ぶことで独立自尊を取り戻す

●──天皇の御代が現すもの

日本独立のための道筋を示そうとするとき、重要なのが歴史です。特に、教科書には載っていない歴史がまだまだたくさんありますので、日々勉強です。

今上《きんじょう》陛下が崩御されると御代《みよ》が移ります。昭和天皇は昭和64（1989）年の1月7日に崩御《ほうぎょ》されましたので、平成元年が1月8日から始まりました。昭和64年は7日しかありませんでした。

そして、平成から令和への御代がわりは「譲位」という形が取られました。これは非常に珍しいことで、さまざまな議論を呼びました。

当時の今上陛下（現在の明仁上皇陛下）は3つのことをおっしゃいました。一つがいわゆる、世に言う生前退位、譲位というものです。ビデオメッセージを通じて、ご自身の高

齢や健康状態により天皇としての公務の遂行が困難になりつつあることを国民にお伝えになりました（2016年8月8日／11分の動画）。映像の中で天皇陛下は、ご自身が崩御なされた後にバトンタッチすることは控えたいと切実におっしゃられました。

それからもう一つ重要なお気持ちとして、「殯《もがり》が重い」とおっしゃられました。「殯」とは、日本の古代の葬送習慣の一つで、亡くなった人が埋葬される前に、ご遺体を一定期間安置して弔《とむら》う儀式のことです。日本では古代より、天皇陛下をはじめ高貴な身分の方々の間で行われてきました。亡くなった人に別れを惜しみ、肉体の復活を願いつつ、魂が完全に離れるのを待つものです。

天皇という存在は、天照大御神《あまてらすおおみかみ》の魂が体に入ることで、その正当性を持つとされます。天照大御神の魂が体に入る儀式を「大嘗祭」といい、天皇が即位した年の11月に五穀豊穣を祝うお祭りとともに、即位後一度だけ行われます。

魂が次の代の天皇へ移っていく。これをなんと表現したらいいのか……。

陛下が崩御されたら、ご家族や天皇家の方々はそのご遺体をずっと見守っていくわけです。昔の人は殯が1年も続く場合もありました。昭和天皇の殯は、1月7日のご崩御から2月24日の大喪の礼まで、49日間にわたって行われました。そうするとその間に体は朽ちていくわけです。それが重いとおっしゃられました。

それからもう一つは、火葬にしたいとおっしゃいました（昭和天皇は土葬。皇室の伝統として、長らく天皇や皇族の埋葬は土葬が基本でした）。

●――令和は平らかな八百万神の時代

日本はもともと非常に〝平《たい》らかな〟文化です。平らな風土。皆ができるだけ平等で、そして平和に生きているというイメージ。1万年の間、大きな争いもなく平和に暮らしていた縄文時代は、人々が貧富の差や階層を意識せずに生きていたようです。

しかし普段は穏やかで、平和で平等な社会を形成していたにも関わらず、外敵に対しては瞬時に垂直型の猛々しい組織に変化します。

ヨーロッパにおける、「ヘブライズム（キリスト教系の文化性）」と「ヘレニズム（ギリシャ系の文化性）」の関係に似ています。この2つの異なる潮流がもつれあう縄のように、時代によってどちらが主流か、螺旋状に現れていくのです。

日本においても糾える縄のように、「国津神」の時代と「天津神」の時代が交互に現れます。天津神型の社会は、天津神が支配し、天の世界を統べる天照大御神は、太陽神です。それに対して国津神は、水平、並列型。人々が水平で八百津之神に象徴されるように万物に神が宿るとされていました。

弥生時代。稲作が伝わり所有の概念が生まれてきます。所有は権力を生み、権力は支配を生みます。そこで水平な社会だったものが垂直型の階層社会へと変わっていく。新たな争いも起きます。「所有」をめぐって争うようになっていくからです。

日本においても天津神の時代と国津神の時代が交互に現れるとされるのです。

明治維新は他国からの侵略の危機を受け、その時に日本は富国強兵で、垂直型の国家を一気に作り上げていくことになります。

江戸時代というのはむしろ水平型です。各地方にはそれぞれ藩があり、横に連なっていました。幕府はそれぞれの藩の力が余分に増えて反抗するといけないので、参勤交代等を行わせて力を削いでいました。ところがそれが幕末となり外敵が現れ一気に垂直型になり団結する。これが明治維新の正体です。

明治維新から現在までの約150年間は、垂直型の国家なのです。西洋型といっても良いかもしれません。その間に、いくつもの戦争がありました。第一次世界大戦、第二次世界大戦、あるいは日清、日露、日中戦争。さまざまな戦争をこの垂直型国家は経験してきています。

令和の現代において、先ほどの上皇陛下が3つのことをおっしゃるということはどういう意味か……ということを私は考えたのです。おそらくその本意は、「国津神の時代に戻しなさい」ということではないかと思っています。猛々しい、荒々しい世の中ではなく、「平和で平等で並列であるべきだ」ということを陛下はおっしゃりたかったのではないでしょうか。お気持ちを推察することだけでも無礼千万の限りですが、その時、私たちの社会研究の仲間内では、そんなことを語り合っていました。令和の時代は、これまでよりももっと平等、平らかな、八百万の社会となるのです。

●——国家の歴史が書かれる時

加藤陽子氏[※15]の著書『戦争まで 歴史を決めた交渉と日本の失敗』（朝日出版社）をテキストに、国家とは何か、日本を独立させるためにはどうすればいいか、少し皆さんと考えていきたいと思います。この本は、高校生に対してなされた講義を元に編集されたもので、大変わかりやすく参考になります。

国家の歴史が書かれる時とはどういう時でしょうか？

「国家というものは、戦争において形成され、戦争において生育する」

これは『風土』や『古寺巡礼』を書かれた哲学者の和辻哲郎氏の言葉ですが、加藤氏の本で引用されています。

加藤氏も「物騒なことだ」と感想を述べられています。また、和辻氏は「国家は他の国家と対峙することでおのずから生まれる」とも言われています。

国家の誕生、成り立ちというものを如実にわかる遺跡が、佐賀県にあります。吉野ヶ里遺跡です。吉野ヶ里遺跡は縄文から弥生時代において、邪馬台国があった時代から近代の律令国家に至るまでの縦の歴史が、同じ場所に刻まれている希有な遺跡です。

吉野ヶ里遺跡が発見された時（１９８６年〜）、私は県議会議員でした。工業団地として開発を予定していた場所で遺跡を記録保存……記録保存というと聞こえはいいのですが、記録だけさっさと残して遺跡は破壊して団地を建設しようとする動きがあり、私はそれに体を張って反対しました。

当時は自民党の青年局長でしたが、「お前は何で反対するんだ。県の言うことに自民党なのに反対するのか。自民党の共産党といわれるぞ」（自民党の彼らは理解できないものを何でも共産党という癖があるように思えました）と自民党の同僚県議から言われました。しかし「保守ともあろう者が遺跡を破壊できるか、いやありえない！」と心に誓って反対活動をしていました。20代後半で、血気盛んでした。

多くの県民の援護を受けて遺跡は残りました。牛島國枝先生や太田記代子先生をはじめとした方々には大変助けられましたが、やはり佐賀はああいうすごい女性のウルトラスーパーパワーで成り立っているのです。

歴史が書かれる時に、国家が歴史を形成する……。

続けて和辻氏は、「従って歴史は国家の自覚である」ともおっしゃいます。他国との関係で国家が生まれ、国家が生まれれば歴史が書かれる。人間関係とも同じです。他者との関係で自分を確認できます。

歴史と正対するということはとても大事なことです。強い国を創ろうと思えば、歴史を深く学ばねばなりません。歴史を知らない国は、自分たちのアイデンティティがわかりません。歴史を知らない国は弱い。その典型がロシアです。ロシアはフランスのナポレオンに徹底的に侵略された記憶があります（１８１２年／祖国戦争）。

私は、ロシアのサンクトペテルブルクにある歴史博物館を訪ねたことがあります。「北方領土は日本のものである」という資料があると聞き、北方領土対策特別委員会として実際に見に行きました。案の定その証拠はありました。そして驚きました。何に驚いたかというと、この博物館では極めて詳しく数多くの資料を残して展示・研究しているのです。

細やかに歴史資料を収集する「ロシア」を目のあたりにしました。「昔からこんなことをやっていたのですか？」と失礼にも伺いました。すると、よくぞ聞いてくださいましたと言わんばかりに、「我が国は、ずっと歴史をないがしろにしてきたのです。それで手痛いしっぺ返しを受けました。ナポレオンに徹底的にやられました。それ以来、歴史をきちんと残し、学ぶ機会をつくるよう努力を重ねてきました」と語られました。

敗戦を経て彼らは意識を変えました。歴史を学ぶことは、すなわち自分たちの強さと弱さを学ぶことであると気づいたのです。さまざまな答えは歴史のなかにあります。歴史を学ぶことによって、「強い国家」をつくるという考えです。

※15 加藤陽子……1960年〜。歴史学者（日本の近現代史）。東京大学大学院人文社会系研究科教授。原口一博とは大学の同級生。

●古代日本の歴史に学ぶ〜7世紀の日中戦争〜

3世紀の初め、吉野ヶ里遺跡があった時代の日本は群雄割拠の時代でした。『魏志倭人伝』で卑弥呼と呼ばれていた人物が、急速に、邪馬台（やまと）国連合を統合していきます。

吉野ヶ里遺跡に行くと、戦闘国家であるということが如実に分かります。周りを環濠《かんごう》で囲み、見張り台を建て、どこからも攻められないように防御しています。縄文時代と違い、墓からは怪我をしている遺骨が発見されています。

他方で、他国の文化をいち早く取り入れてもいます。不思議なことに、他国の侵略に備えるとともに、他国の技術を積極的に取り入れている形跡があるのです。

中国は嫌い、ロシアは憎いと言う人がいます。親日の人が少なくない隣国を何故憎むのですか。中国やロシアに学ぶことがたくさんあります。両国が嫌いで勝つべきだという人でも相手を知らず勝てると思っているのでしょうか。

『魏志倭人伝』や『三国志』を読んでいても、日本の歴史を考えてもわかることは、当時の卑弥呼を中心とした内乱、内戦がいったいどういう経緯で始まり、収束したのでしょうか。

一説によれば、日本のように、流れの早い河川が多い国では、大規模な治水工事が定期的に必要となる。従って、権力集約型のグループが各地で生まれ、また集約的な農地を必要とした地域においては、技術を一手に引き受ける強い権力に統合されていったそうです。

ただ最新の説においては、当時の日本が一気に国家としてまとまっていった背景として、「緊迫した朝鮮半島の軍事情勢への対応があった」という説が有力と指摘されています。

この頃は、魏・呉・蜀の三国志の時代です。三国のうちの北に位置する魏が、中国と朝鮮との国境地帯から朝鮮半島の南までに支配を及ぼすようになっていました。

加藤陽子氏は、日本という国家が書いた初の歴史書『日本書紀』（720年）がどのような背景で生まれてきたか、中国大陸と朝鮮半島の情勢がどうだったかということを見事に解説されています。

中国大陸では、618年に隋《ずい》が滅亡して、より強大な中央集権国家である唐《とう》が誕生します。朝鮮半島にあった高句麗（現在の北朝鮮）、新羅（現在の東韓国）、百済（現在の南韓国）。この3国が、624年に揃って唐の「冊封《さくほう》体制」と呼ばれるシステムにくみこまれます。中国の皇帝が周辺諸国の首長に、王侯などの爵位を授けて、周辺諸国は唐の皇帝に貢物（朝貢《ちょうこう》）を送る君臣関係のことです。

ところが、倭国《わこく》（現在の日本）はその体制には入らず、独自の外交路線をとっていました。

唐は、南から高句麗を牽制する新羅と手を組み、高句麗にずっと圧力をかけ続けます。圧力をかけられた高句麗は百済と手を組みます。朝鮮半島は極めて緊張した状態となりました。

大陸と半島との緊張関係のもとで、日本は高句麗や百済と手を結び、唐と新羅に対抗するようになります。これがのちに、〝7世紀の日中戦争〟と呼ばれるものになっていきます。

645年になると、日本では「大化の改新」です。唐の第2代皇帝太宗《たいそう》は10万の大軍を率いて、高句麗の領土に攻め込みます。倭国は高句麗、百済と親交があり、今でいうところの同盟国です。唐が軍事的な圧力を高句麗にかけてきたことは、日本にとっても衝撃です。次に唐が攻めてくるのは、倭国ではないかという怖れを抱いたとしても不思議ではありません。

倭国においては、中大兄皇子《なかのおおえのおうじ》などを中心とした天皇家の勢力が、豪族の長である蘇我氏を滅ぼし、国内改革である大化の改新が成立します。中大兄皇子（後の天智《てんじ》天皇）が、蘇我氏を滅ぼさなければならなかったのは、外敵の侵略に対して、国家を統合する必要があったからです。

つまり、それぞれの地域で豪族が連立した状態では、対外的に対峙できない。冒頭に述べたように、国津神の体制ではなく、天津神の体制にして、一致団結しなければいけない。

つまり皇統を中心に日本が統合すべき時がきたのです。外敵の脅威が体制の変革を迫りました。唐からの攻撃が予想されるために、東アジア世界が軍事的に極度に緊張を増していた。7世紀はそういう時代でした。

この時の国内改革の有力者が、中大兄皇子、藤原鎌足、そして弟の大海人皇子《おおあまのおうじ》（後の天《てん》武《む》天皇）です。天武天皇こそが『日本書紀』『古事記』の編纂を命じた天皇ですが、なぜ『日本書紀』が生まれたかといえば、まさに先ほどの和辻先生の言葉「国家は戦争によって国家を意識する」です。他国の存在によって、国家の自我、アイデンティティ（自己同一性）というものを意識することになったのでした。

私は単に戦争の歴史話をしているわけではありません。歴史を知る、あるいは歴史を記すということは、その時代における、あるいは世界における位置、アイデンティティを知ることだとお伝えしたいのです。

そして、この7世紀の日中戦争の最終局面は「白村江《はくすきのえ》の戦い」（663年）です。唐＋新羅vs日本＋百済による海と陸の戦い。この白村江（はくすきのえ／ハクソンコウ）の戦いこそが、7世紀における日中戦争の最終章です。

皆さまご存知のように「白村江の戦い」で百済・倭軍は敗北してしまいます。そのまま唐は百済を滅ぼし、668年にはついに高句麗を滅ぼします。そして676年、朝鮮半島は新羅によって統一されます。

半島国家には、常に隣の大きい国家から脅かされ、内部分裂し、同士打ちをする悲哀があります。その点日本は、四方を海で囲まれた島国であるということも一つの有利な点です。日本はその後、いよいよ国家としての統一を加速します。なぜならこのままでは、唐による侵攻を受ける危機があったからです。対馬《つしま》と壱岐《いき》に防衛施設を造り、北九州には太宰府《だざいふ》を設置し、防人《さきもり》を大量に動員しました。

倭国は方向転換を迫られるなかで、唐に対しては32年ぶりに、これまで中断していた遣唐使を再開し、唐との関係の修復に乗り出します。この辺が実に日本的というか柔軟なところです。

そして702年に唐に派遣された遣唐使、粟田真人《あわたのまひと》は唐の女帝・則天武后《そくてんぶこう》（武則天《ぶそくてん》）に向かってこう言います。

「今回、私が唐にやってきたのは、倭国の使いではありません。我は、日本国たるものの大使であります。あなた方と戦って負けた倭国はもうないのです」

日本という新しい国の使いとしてきたのだ、と力説しているのです。則天武后はその粟田真人をえらく気に入ります。これは倭国から日本国への国号変更が唐に認識された瞬間です。

興味深いですね。絶体絶命の危機にあるなかで、国内的には大宝律令という新しい法令を整備して、対外的には新しい国＝日本を建国しましたと宣言し、かつての敵国と外交関係を再開して、従来の敵対関係をご破算にする。日本には「水に流す」という言葉がありますが、日本の国際政治史のなかでも天才的な外交の一場面といって良いと思います。

「では、倭と日本とは何が違うのだ」そんな問いも則天武后から出たことでしょう。『日本書紀』は国家の編纂による最初の歴史書です。成立は720年ですが、その制作を天武天皇より命じられたのは681年とされています。粟田真人は、日本書紀の冒頭をすでに読んでいて、神々の物語からはじまる日本国の万世一系の歴史を滔々と語ったのではないでしょうか。

また『日本書紀』は日本の正史です。ある意味で国の顔、憲法のようなものとも言えるのではないでしょうか。対外的に新生国家であると主張する際の、歴《れっき》とした証明書ともなったことでしょう。

我々は日本という同一の国家のなかにいます。何千何万年の歴史の中で、一度も他の国になったことはありません。しかし我が国家は80年前、米英に乗せられて東に行き、太平洋戦争に突入しアメリカと戦ってしまう。亡国の戦争をしてしまいました。敗戦です。無条件降伏を受け入れ、連合国アメリカの占領下に入ることになってしまいました。その後、沖縄を除く本土は7年間、沖縄はそれより長く27年もの間、占領されました。

日本自体も主権を回復したといっても、いまだに、意識のなかにおいては従属国のままであり、回復しきれていない状態といえます。

その意識を取り除かなくてはいけません。取り除くためには、あらためて歴史を見直す必要があります。

我が我たる所以はどこにあるのか？　そして他者、他国との力の差はどうあるのか？　弱い犬ほどよく吠える。吠えるだけの人間では真っ先に終わってしまいます。そうあってはなりません。

教科書には載っていない隠された歴史の真実を知ることは、支配からの脱却に必要なことです。そして揺るがぬ、強いアイデンティティ（自己同一性）を持つことが何より重要なのです。

私たち日本は長い歴史と伝統を誇る強い国です。そして我々はその強い国、日本を取り戻す使命を帯びた同志です。

第5章

隠されたヒバクシャ

ＡＬＰＳ処理水と原爆、残留放射線と内部被曝の罪

でいます。

「核廃絶」は私の第一目標であると同時に、「被曝の実相」についても関心を持って臨んでいます。

放射線の安全基準は誰がどのようにしてつくったのか？「隠された〝ヒバクシャ〟」はどうして生まれたのか？……といった観点で、私たちの身近な被曝問題＝福島第一原発の汚染処理水問題から、アメリカの核開発や原子力の話も交えつつ、ご紹介できればと思います。

【福島第一原発、ＡＬＰＳ処理水放出問題の概要】

東京電力福島第一原発では、２０１１年3月11日の東日本大震災とその後の原発事故により、大量の放射性物質を含む汚染水が発生しました。この汚染水は、ＡＬＰＳ（多核種除去設備＝アルプス）と呼ばれるシステムを使い、放射性物質を除去しようというものですが、トリチウムという放射性物質は取り除くことができません。

現在、処理水の保管タンクが増え、敷地内の容量が限界に近づいているため、処理水の海洋放出が、２０２３年8月より現実的な処理方法として行われています。トリチウム濃度を基準値以下に希釈したうえで、段階的に海洋に放出する計画です。トリチウムは、政府見解では低レベルの放射性物質であり健康リスクが低いとされていますが、海洋放出に関しては慎重な対応が求められています。

日本政府と東京電力、そしてＩＡＥＡ（国際原子力機関）は、この放出が国際基準を満たしていると強調していますが、この問題にはさまざまな要素が絡んでおり、国内外で議論や批判が起きました。

〝ＡＬＰＳ処理水など〟の意味

処理水放出の際、東京電力が定めた〝ＡＬＰＳ処理水〟に加え、〝処理途上水〟というものがあることが、後にわかりました。

東京電力の説明では、【ＡＬＰＳ処理水】とは、「トリチウム以外の放射性物質が、安全に関する規制基準値を確実に下回るまで多核種《たかくしゅ》除去設備などで浄化処理した水」です。もっと具体的に説明すると、トリチウムを除く告示濃度比総和が《1未満》のものを「ＡＬＰＳ処理水」と説明しています。

もう一つの【処理途上水】とは、この除去設備などで浄化処理をした水のうち、安全に関する規制基準を満たしていない水、つまりトリチウムを除く告示濃度比総和が《1以上》の水を「処理途上水」として区別しています。

この2つを合わせて示す場合は、〝ＡＬＰＳ処理水など〟という表現を使用しています。つまり〝ＡＬＰＳ処理水など〟と表現をしている場合は、その処理水は規制基準値まで下がっていない可能性が高いのです。

このALPS処理水は、海洋放出が決定される2018年までは、「基本的にはトリチウム以外の放射性物質は安全基準値まで取り除いてある」と説明していました。ところが、「そうではない可能性があるのではないか」と2018年に共同通信が指摘し、そこで〝など〟と表現している処理水とされているものの内訳が開示されました。

すると東電は、ALPS処理水は全体の35％で、〝など〟の部分が65％であることを発表しました。つまり放出した処理水のうち、《65％は規制基準値を満たしていない処理途上水》であることが明らかになったのです。

これら処理水についての海外の報道、例えばアメリカのテレビ放送局では、「Treated Radioactive Water（放射能処理水）」、BBCの場合は「Fukushima Waste Water」と表現していますが、アメリカ国務省のサイト上では、「Treated Water（処理水）」と、日本政府が推奨している表現となっています。

●――国際原子力機関：IAEAの成り立ちと役割

ここで、日本政府がしきりに引用するIAEA（国際原子力機関）について考えてみたいと思います。

おそらく多くの皆さんは、ＩＡＥＡは国際的に中立な機関であると思われているかもしれません。組織の目的は、「原子力分野での協力を進める世界の中心的機関。核兵器の拡散を防ぎ、すべての国、とくに開発途上国が原子力科学と技術を平和目的に、安全に、安心して利用できるようにする」と公式サイトに記載があります。

日本政府もＩＡＥＡの発表や見解をもって、公的な見解と定めているように見受けられますが、実はＩＡＥＡという機関は国連の自治機関であり、その原点は１９５７年に発足した、民生用も軍事用も含めた《核開発を管理するための機関》なのです。

つまり、基本的にＩＡＥＡという組織は、放射性物質が人体や環境にどのような影響を及ぼすかの調査や確認を行ったり、原発や原子力の安全性を認めるような機関ではないといえるでしょう。

具体的に組織の形を見てみると、国連と同じく理事会と総会があります。そして国連の安全保障理事会とは、核保有国で構成される理事会です。これはご存じの通り、第二次世界大戦の戦勝国……アメリカ、イギリス、フランス、中国、ロシアを中心に構成されているため、安全保障理事会は核保有国の立場であり、しかも核開発そのものを原則として推進している立場にあります。

ＩＡＥＡは国連の保護下にある機関にあたるため、当然ながらこの安全保障理事会とも密に結ばれています。全世界の国々を代表する中立な機関というより、国連の一機関として安全保障理事会の意向を一層強く受けている機関なのです。

さらに、ＩＡＥＡには13の指定理事国があります。これはアメリカ、イギリス、フランス、ドイツ、日本、カナダ、オーストラリア、スペイン、ロシア、中国、インド、南アフリカ、アルゼンチン（またはブラジル）です。これは安全保障理事会の国々プラスアルファの核保有国、もしくは核や原子力に依存する国が大半です。こうしたことからも、ＩＡＥＡは核兵器保有国の意向が極めて反映されやすい機関なのは明らかです。

また、ＩＡＥＡは日本の処理水放出についてのレポートも発表しました。

日本政府が放出を決定した処理水はＩＡＥＡの基準に合致しているという趣旨の発表ですが、それに付言して、「これは日本政府の国家としての決定を推奨したり承認するわけではなく、支援する政策を支持するわけでもない」という断り書きもされてのことです。

日本国内ではあらゆるメディアにおいて、ＩＡＥＡが処理水放出についてお墨付きを与えたかのような報道がされていましたが、正確には「ＩＡＥＡは、ＩＡＥＡの立場としてこうした見解を取っている」と限定的な紹介にすることが、正しい報道のあり方ともいえます。

●——「マンハッタン計画」から現在まで。アメリカの核開発

ここから少し歴史を遡り、アメリカにかつて存在した「原子力委員会（AEC）」について考えてみます。外部被曝以外の放射線や内部被曝を軽視するあり方は、アメリカに原点があります。

1950年に『原子兵器の効果』という書物が、アメリカ原子力委員会・アメリカ国防省・ロスアラモス国立研究所の共著として発表されます（日本では翌年、科学新興社より発刊）。

1950年時点での原子兵器の効果と聞くと、広島と長崎の結果を踏まえ、原子爆弾の威力やその放射線の影響について書いていると推測されると思いますが、本書の中には広島と長崎での放射線の影響についての記載はほぼありません。

広島・長崎での例は、被爆者が帽子をかぶっていたことにより火傷を免れたとされる写真が掲載されているだけに過ぎず、放射線による被曝や汚染についての記述としては、1946年のビキニ環礁で行われた原爆実験が記載されているだけです。それは、ビキニ環礁での2回目の核実験の際に、「低い高度で核爆発が起こったため放射能汚染が深刻だった」といった内容です。

言い換えれば、「広島と長崎の場合は、核爆発が高い高度で起こったため、放射線の影響は大したことがなかった」という内容に終始し、「放射能による危険は特殊な事情のもとにおいてだけ起こり得るとしています。かなり高い空中で爆発する時に、この危険は本質的には起こらない」などと書かれています。

さらには、「日本での原爆爆発後、核分裂生成物や、原子爆弾に用いた材料に由来する放射能による障害、または疾病は少しも見られなかった。」という表現まで入っています。

出版された1950年時点ではすでに、「ＡＢＣＣ（原爆傷害調査委員会：広島市への原子爆弾投下の直後にアメリカが設置した民間機関）」が設置されていることも含め、広島や長崎での被爆者に対する長期的な影響が調査されており、その調査結果も把握済みのはずですが、アメリカ原子力委員会や国防省が被曝の被害を小さく見せようとしているように思えてしまいます。

アメリカの核開発は、２０２４年のアカデミー賞7部門受賞の映画『オッペンハイマー』でも知られるように、「マンハッタン計画」から始まっています。

しかしその後、「アメリカ原子力委員会」がその部門を引き継いだということは、あまり知られていません。

「マンハッタン計画」は元来、原子爆弾開発のためのプロジェクトですが、その主導となる組織は米軍であり、管轄は陸軍省が行っていました。ただし終戦後には、放射性物質については軍ではなく連邦政府で管理するべきという声が高まり、1946年8月1日に「アメリカ原子力法」が制定されます。

その法律により、放射性物質の取り扱いと核開発主導の機関は、軍部ではなく政府の別の機関が管轄するようになり、「アメリカ原子力委員会」が誕生しました。

以降、「アメリカ原子力委員会」が核開発そのものを担い続けるどころか、原子力の責任機関として戦後の核実験を牽引する組織に繋がっていきます。

そして、「アメリカ原子力委員会」を引き継いで1970年代に発足したのが、「エネルギー省」と、「アメリカ原子力規制委員会」です。

また、「マンハッタン計画」では、核開発と同時に、「米軍特殊兵器計画」なるものも進められていました。

特殊兵器といえば科学兵器や細菌兵器、そして放射線兵器などがあるのですが、実際にそうした兵器の開発を担う部門もありました。それは戦後、「国防脅威削減局」として、現在も軍部内に存在しています。

そして、先ほどご紹介した「ＡＢＣＣ（原爆傷害調査委員会）」は、「アメリカ科学アカデミー」という組織が管轄していますが、そこへ研究資金を提供しているのは、「アメリ

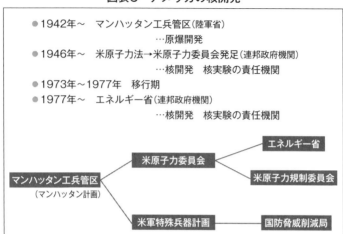

図表6　アメリカの核開発

- 1942年～　マンハッタン工兵管区（陸軍省）
  …原爆開発
- 1946年～　米原子力法→米原子力委員会発足（連邦政府機関）
  …核開発　核実験の責任機関
- 1973年～1977年　移行期
- 1977年～　エネルギー省（連邦政府機関）
  …核開発　核実験の責任機関

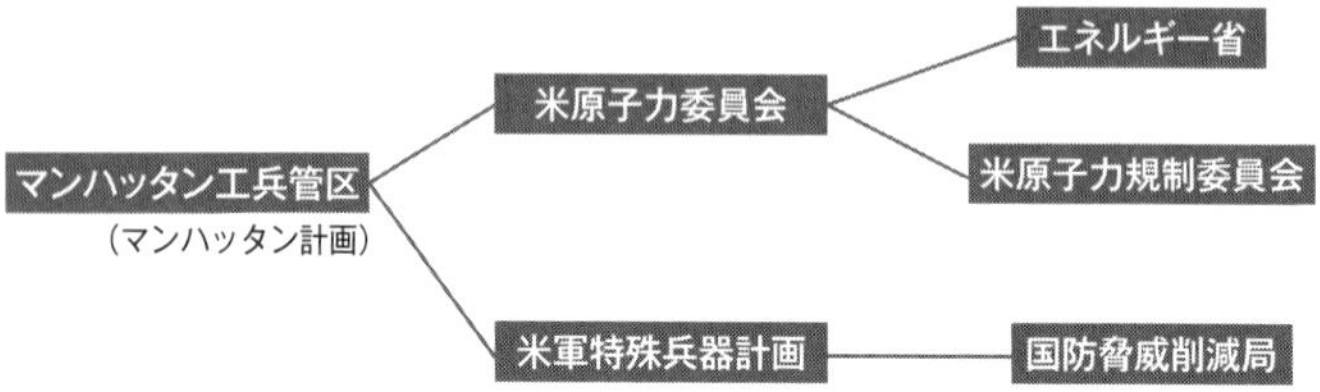

カ原子力委員会内の生物医学部」です。

つまり、「マンハッタン計画」を引き継いで発足された「アメリカ原子力委員会」から提供を受けた資金で、広島・長崎の被爆した人たちの研究が進められていたのです。

現在は「ＡＢＣＣ」ではなく、「ＲＥＲＦ（放射線影響研究所）」という日米共同の運営機関に組織を変えて存続しています（広島市と長崎市に施設あり）。そして、「ＲＥＲＦ」に資金提供をしているのが「エネルギー省」なのです。

戦後に発足した「アメリカ原子力委員会」、そしてそれを引き継いで発足した「エネルギー省」、どちらもその源流は原子爆弾の開発を手掛けた「マンハッタン計画」からなっており、アメリカの核開発をそのまま引き継いでいる機関なのです。

被爆者を救うため、あるいは人類の医学と科学の向上のため、というような人道的な発想から成り立っている組織では必ずしもないのではないかと思います。

私はこれまで述べた一連のことに関して、当時外務大臣であった岸田文雄氏に国会で質問をしたことがあります。[※1]

オバマ大統領（当時）が来日するにあたり、「ＡＢＣＣは原爆を落とした国の機関であり、核開発をする国の機関であるから、被曝の実相も軽く少な目に見ているのではないか。実際には当時の時点で本当のことを知っていたはずであるから情報を開示し、日米での共同研究をしてほしい」と要望しました。

岸田外相は了承してくれたうえ、アメリカ側も同意の方向とのことでしたが、なぜか日本側の岸田外相のところで話は止まり、先に進みませんでした。私は30年程前の自民党宏池会時代、彼とともに勉強を重ねた思い出がありますが、とても残念な思いをしたのを覚えています。その後、首相となり、より率先して機密開示を求めることができる立場になりましたが、結局、この件について触れられることはありませんでした。

※1　第１９２回国会　外務委員会　第４号（２０１６／平成28年11月２日）。また２０２３年にも以下の質問主意書を提出している。『米国による広島、長崎への原爆投下及び「非核の傘」に関する質問主意書』（令和

5年11月9日／第212回国会）

●――〝放射線の影響は大したことがない〟と片付ける日米政府

「マンハッタン計画」の際、放射線安全基準に関する責任者として、スタッフォード・ウォレンという科学者（医学部門責任者）がいました。

マンハッタン計画を軍の立場で指揮したレズリー・グローヴスの副官、トーマス・ファーレルによる所感として、「空中高く核爆発を起こした広島・長崎の原爆は、放射線の影響は大したことがなかった」とのコメントがニューヨークタイムズ紙に掲載されたことがありますが、その元々の発想を提供した科学者のうちのひとりです。

ウォレン氏は1948年に……「日本の2つの都市で起こったような上空での原爆の爆発は、爆風によって破壊し、爆風やガンマ線、中性子線の放射によって殺傷する。危険な核分裂物質は成層圏にまで上昇し、そこに吹く風によって薄められ消散させられる。都市は危険な物質に汚染されるわけではなく、すぐに再吸収しても差し支えない」という旨の発言をしています。

これはまさに、日本の処理水海洋放出の際に、日本政府が発表しているロジックとそっくりといえます。同じような発想で同じような表現が、今現在も率先して使われていることとを、大変残念に思います。

また日本政府は、厚生労働省のＷＥＢサイトにおいて、広島と長崎の原爆の「残留放射線」についての説明をしています。

そこでは、「『初期放射線』の他に、『残留放射線』もありましたが、原爆投下時から放物線状に急速に減少し、短期間でほとんどなくなりました。長崎では爆心地から１００m地点での初期放射線量は約３００グレイでしたが、原爆投下24時間後には０・０１グレイ（3万分の1）まで減少したとされています。この『残留放射線』があったことを考慮して、原爆投下時には市内にいなかった入市者にも、幅広く被爆者健康手帳が交付されています」

「これらの放射線量は、戦後60年間にわたる専門家達の研究によって得られた唯一の成果である『ＤＳ86』及び『ＤＳ02』に基づいています。『残留放射線』についても科学者が被爆地の土や建築資材などを採取して調査してきたデータに基づいているのです。科学的検証に基づいた最も信頼できるデータによっているのであり、原爆の威力を過小評価しているということではありません」（※厚生労働省ＷＥＢサイト「原爆放射線について」より引用　https://www.mhlw.go.jp/bunya/kenkou/genbaku09/15e.html）

といった説明で、「残留放射線」は急速に減少した、という内容でまとめられているのです。

ここで、耳慣れない、「ＤＳ86」や「ＤＳ02」といった言葉が出てきましたが、これは、「Dosimetry System 1986」の略で、「１９８６年に設定された推定被曝線量」、「ＤＳ02」というのは、「２００２年に作られた推定被曝線量を」意味します。どれだけの放射線量が家屋に届くのか、あるいは体内に届くのかということを計測していますが、基本的に初期放射線の影響を推定しているものです。

ただしこれはあくまで「推定被曝線量」のみについてであり、「残量放射線」や「内部被曝」といったものは反映されていないのです。つまり、日本政府は「残留放射線」の説明において、まったく適していない物差しを使い、説明をしているということです。そして、測定を取り仕切ったのは他ならぬＡＢＣＣなのです。

同じく厚生労働省が発表している、「残留放射線」の説明文では、

「原子爆弾の爆発と同時に出た『初期放射線』のうち、中性子によって放射化された土や建物の中の建築資材の放射性物質から出る放射線です。残留放射線の全ての量を１００とすると、爆発後24時間で80％が出ました」

と記載されています。２日経てばほとんどなくなる、というようなグラフが単純に出されています。このような説明だけで、残留放射線について片付けてしまってはいけませ

ん。

今回の福島の処理水についても、「基準を満たしているから安全」と説明をしていますが、「残留放射線」を軽んじた説明に終始しているのが日本政府なのです。

〝放射線の影響は大したことがない〟と端的に説明するアメリカの立場に、これほどまで深く追随している日本政府の発表や説明は真相から遠く、これをそのまま信用することができるでしょうか。

●――「内部被曝」を認めない日米両政府

時を現代に戻して、昨今の政府は「被曝」に対して何を言い、どのような態度を取っているのでしょうか。

2021年7月14日、広島高裁にて、「黒い雨訴訟」[※2]の原告側の全員勝利となる判決が下されました。これを受けて、日本政府が上告をして最高裁に持っていく可能性が危ぶまれたものの、上告はせず判決が確定したという裁判です。終戦から76年を経て、ようやく救済された被爆者が3000人以上に上りました（ただし被爆者全員ではありません）。

原爆投下後に起こった健康被害を概ね政府は認めたかのように思われましたが、この裁判を受け、菅首相（当時）が2021年の7月27日に発表した談話があります。

「今回の判決には、原子爆弾の健康影響に関する過去の裁判例と整合しない点があるなど、重大な法律上の問題点があり、政府としては本来であれば受け入れ難いものです。とりわけ、『黒い雨』や飲食物の摂取による内部被曝の健康影響を、科学的な線量推計によらず、広く認めるべきとした点については、これまでの被爆者援護制度の考え方と相入れないものであり、政府としては容認できるものではありません」という内容のものです。

上告はしないし補償はするものの、「内部被曝は絶対認めたくない」というアメリカの発想に追随し続け、その姿勢を崩しませんでした。

しかし、そういったアメリカの発想はどこから来ているのでしょうか？

戦争末期の大日本帝国政府は、原爆を落とされた直後の1945年8月10日に、「米機の新型爆弾攻撃に対する抗議文」を米国政府に提出しています。

これは、「ハーグ陸戦条約」という戦時における戦闘行為や占領の際に遵守すべき規則を定めた国際条約があるなかで、アメリカ政府も「毒ガスないしその他の非人道的戦争方法の使用は文明社会の与論により不法」と批准《ひじゅん》しているにもかかわらず、毒ガス兵器を遥かに凌駕する無差別で非人道的な殺戮兵器を使ったとして、大日本帝国、日本政府は厳しく抗議を行ったのです。

不必要な苦しみを与える兵器や生物化学兵器の使用は禁じられている戦争のルールがあ

るなかでの、原爆の使用に関する徹底抗議です。

しかし、アメリカは受け入れませんでした。原爆を使用したことが国際法違反であることを認めることなく、否定しています。

先ほども登場したトーマス・ファーレル副官が、1945年9月12日に発表し、翌13日のニューヨークタイムズ紙に掲載された、「NO RADIOACTIVITY IN HIROSHIMA RUIN」（訳：広島の廃墟に放射線なし）という記事があります。そこでは、「廃墟の町に危険を生み出す放射線は残留することはなく、爆発の瞬間に毒ガスを形成されることはなかった」という旨のことが書かれています。

※2　黒い雨訴訟……原爆投下直後、広島に降った放射線を帯びた「黒い雨」による深刻な健康被害に苦しめられた人々が国を相手に起こした訴訟。ノンフィクション『「黒い雨」訴訟』小山美砂著（集英社新書／2022年）にも詳しい。

さまざまな被曝：「初期放射線」と「残留放射線」

このような見解は、先ほどの菅首相の談話と同じく、放射線についての認識が大きく食い違うことの表れです。大きく分けて「初期放射線」と「残留放射線」があります。

「初期放射線」とは、核爆発から1分間に発生する放射線で、それ以降に発生したものはすべて「残留放射線」と呼ばれます。

そして、「残留放射線」には2つの種類があり、「誘導放射線」と「放射性降下物」があります。「誘導放射線」とは、例えば、地面に放射線が到着し、その地面にある物質が誘導され、放射線を出す物質に変質したもののことです。

先ほど、厚労省の説明のなかで出てきた、急速に減速する放射線というのは、この「誘導放射線」を示している場合が多いです。

もう一つの「放射性降下物」は、核爆発後に、塵《ちり》や埃《ほこり》や雨などに乗って、放射性物質が広く拡散するもののことを指します。

広島と長崎で確認されたものや、そして前述の〝黒い雨〟はまさしく、この「放射性降下物」が発生している状態なのです。当然ながら、「放射性降下物」も「初期放射線」も、どちらも人間の被曝の要因となります。

また、被曝そのものも、「外部被曝」と「内部被曝」の大きく2種類に分けられます。「外部被曝」とは、広島・長崎の場合でいえば、ガンマ線や中性子線が「初期放射線＝最初の1分」によって人々に到達します。これが外部被曝です。ガンマ線や中性子線は強い透過力が特徴です。

一方でアルファ線やベータ線も、影響は強いものの、短い距離しか進めません。その分、届かないパターンも多いのです。ただ、体に対する影響は強いため、一度体のなかに入ってしまうと、体に滞留し放射線を出すようになります。これが「内部被曝」となります。

つまり、アルファ線やベータ線を出す物質が体のなかに入ってしまった場合、人間の肉体に対し極めて大きな影響が起こると考えられますが、先ほども指摘したように、1950年の報告書では、広島・長崎の時点で「内部被曝」は起こらないことにされています。「放射性降下物」や「内部被曝」を認めないのは、アメリカ政府の公式見解ですが、一方でアメリカは軍事研究としては継続して「内部被曝」についての調査をしています。

なかでも日本とかかわりが深いのが、ABCCによる研究です。

例えば、子供たちに対する発達調査をしたことが明らかになっており、広島・長崎でも当事者の子どもたちに対して、不必要にX線を当てて骨の成長を見るなど、さまざまな調査を行っていることがわかっています。

またビキニ環礁があるマーシャル諸島の子どもたちに対しても、同じような調査をしていたことが判明しており、内部被曝が子どもに与える影響が大きいことも、アメリカは確実に知っているのです。プルトニウムを注射して、人体実験までしていたのですから。

「内部被曝」の影響はないのではなく、〝ないことにしている〟〝ないことにしたい〟、そういう前提で核開発を続けているといえるでしょう。

日本政府はそんなアメリカの基本姿勢を踏まえているがために、「内部被曝」は認められないという立場をとっているのです。そしてその立場である以上は、福島第一原発の処理水の海洋放出に際しても、同じ理屈を言っているにすぎないのです。

海洋放出にあたっての検討資料のなかには、生物濃縮や内部被曝についての記載や説明はありません。放射性物質が体のなかに入り、何らかの影響を与えるということは、現在の日本政府はまったく想定していないことなのです。

●——「ビキニ水爆事件」から変わらない日本政府の態度

もし、核や核実験によって被曝している人が出ているとしたら、救済をするためにも、とにかくまず調査をすることが自然な行動だと思うところですが、アメリカの公式見解に合わせてしまっているのが日本政府の基本姿勢といえます。

この日本政府の姿勢は、戦後すぐに事件となった「ビキニ水爆」被災の時からすでにそうであったことがわかっています。

1954年3月1日、アメリカが太平洋のビキニ環礁で行った水爆実験により、静岡のマグロ漁船「第五福竜丸」などが被曝した「ブラボーショット実験」があります。

日本政府は翌年1月、アメリカからは賠償金ではなく、「ex gratia payment」なるものを受け取りました。「ex gratia」とは、法的責任を問わないという趣旨の「好意によるお見舞い金」ともいえるお金で、額にして200万ドル（当時の約7億2000万円）が日本政府に支払われました。

しかし日本政府は、これを「慰謝料」と翻訳しました。慰謝料と翻訳されたことで、アメリカが謝罪しお金を支払ったと世論は誤解したうえ、他方でアメリカの食糧庁の基準を用いて行っていたマグロ等の検査を12月いっぱいで停止しました。

何の検査もせず、アメリカの原子力委員会の科学者たちが大丈夫だと言っているから大丈夫、という論理で、すべて認めることにしたのです。

「核は国際法違反ではない」というロジックのもとに構築された組織のいうことをそのまま受け入れ、独自の検査や調査を行わないのは、戦後の占領期から何も変わっていないのです。

そしてアメリカの基準とは、《核開発を推進したい人》たちによりつくられ、「放射能の影響は大したことがないのだ」ということにしたいと考える人たちにより運用されているのです。

日本政府の姿勢の元となるＩＡＥＡ（国際原子力機関）の基準や発想には非常に疑問が

残ります。理事国の当事者たちにとっての利益、それすなわち核開発にとっての利益という発想が元となると、被害者（被爆者）は限りなく無視されてしまうでしょう。

核というものが誰にとっての利益なのかを今一度認識するとともに、核は人間という生物や地球環境と共存することはないということを、これからも訴えていきたいと思っています。

日本人の顔をしたディープステート、またはそれにイエスと言う者だけが政治家として生き残っていく。逆に反抗すると政治的に圧力を受け、消されたりもする。そうした怖れは国会議員のなかでも未だに根強く存在しているため、わかっていても行動に移せない人は何人もいることでしょう。

しかしそんなものを怖れていては、とても日本を守りきれないと思っています。

※テキスト協力：高橋博子（奈良大学教授／明治学院大学国際平和研究所研究員）

第6章

石破総理は何故筋を違えたのか

●――古い政治をはね飛ばす　～石破内閣発足にあたり思うこと～

自民党の総裁が岸田文雄氏から石破茂氏に交代し、石破内閣が発足しました（2024年10月1日）。ここで今一度、私と石破氏のかかわりをお話しできればと思います。

石破氏と私は、若い頃から数多くのテーマを共に議論してきた間柄です（年齢は私より2つ上で政治家としても大先輩）。

自民党総裁選の決選投票に残った石破氏と高市早苗氏のお二人とは、「旧来の古い自民党政治では日本のためにならない」という点で一致していた時があります。

石破氏は私とほぼ同じ時期に、自民党を出た経験がある方であり（1993～1996年は新生党／新進党に所属）、高市氏は私と同じ松下政経塾の1期後輩で、「もう一つの政権政党を」と志して議席を得た人であります（1993年の初当選時は無所属、2選目は新進党）。

結果的に私は民主党に、お二人は自民党へいかれますが、本来であれば、「自民党の古い政治を終わりにして日本を変える」というビジョンを持っており、実際に終わりにする役割を持ち得ていた人でしたが、古き自民党政治を〝延命する〟総理総裁になられたことは、私自身としてはとても辛く、悔しい思いを感じています。

石破氏はこのままでは、〝自民党最後の総裁〟になられるのではないかと案じますが、石破氏が自民党の延命に手をお貸しになることは、私には本当に辛いことです。

とても正直な性格の方ですので、予算委員会や能登地震の被災地に対する補正予算は組んでから解散していただきたかったという思いは、衆議院の解散総選挙を戦いながらもずっと思っていました[※1]（期待していたからこそ、質問主意書を24本、出させていただきました）。

我が「ゆうこく連合」としては3つの明確な目標を掲げています。日本が早急にやらなければならない3本柱です。

【日本独立】、【日本再興】、【日本救世】。「ゆうこく連合」へ込めた想いなどについては、第1章に記しましたが、本書ではこの3つのテーマに沿ってこれまで対案等を述べて参りました。

①日本独立。石破氏は岸田政治をこのまま継続なさるつもりでしょうか？　アメリカの従属外交といえる岸田外交を継続していれば、日本独立は遥か遠く、日本に明るい未来はやってこないと断言できます。

私の18年前の著書、『平和』（ゴマブックス／※近日復刊予定）では、石破氏に対談をしていただいていますが、当時、ともに語り合った私たちの思いはどこへ行ってしまったのでしょうか。

核の拡大抑止（核の傘）、東アジア版NATOなどと総理就任前後で発言されていましたが、そんなことをやるために国会議員になったのでしょうか。新総裁として、岸田路線をリセットしてこそ、自民党に長い間染み付いているアメリカの傀儡・従属政治を変えることはできるはずです。石破氏は佐賀にオスプレイを配備しようというときも、真実に近づくためご協力をいただいたことがありました。どうぞ初心を失わないでください。

②日本再興。石破氏と私とで、財政観や貨幣観、あるいは国家観が、ここまでずれているとは考えもしていませんでした。日本弱体化装置の最たる要因である「消費税」については、自民党総裁選では石破氏を含めて誰も触れることはありませんでした。弱い立場の人をさらに弱くする税に、なぜ誰も触れられないのでしょうか。

教育、医療、福祉、そして地方創生も……スローガンを言うだけであれば簡単です。地方を大事にすると石破氏はこれまでも度々おっしゃられており、嘘ではないと思います。しかし例えば、実際にこれまで、どれだけの農家の数を減らしているでしょうか。地方の産業全般についても同じです。国民を絞るだけ絞り上げている日本の財政をこれから変えていくのだと、メッセージを出されることはありませんでした。今までの自民党、日本政府のザイム真理教の言われるがままなのは、極めて残念なことでした。

③日本救世。医療と健康、ワクチンの問題。何も知らない国民は、今どういう危機にさ

らされているのか。石破氏はわかっておられるはずです。ある医師の方が、ちゃんと石破氏にレクチャーをしていることを耳にしています。

なぜ、国民を救おうとしないのですか。なぜワクチンを止めないのですか。なぜ言論統制をやめようとしないのですか。企業の利益のためですか。マイナンバーと保険証の問題も同じです。なぜ紙の保険証でやると言わないのですか。なぜ岸田首相がされたことをリセットすると言わないのですか……。

徳川幕府でいえば、あたかも最後の将軍となった徳川慶喜を彷彿とさせます。彼の役割を石破氏がなさるのは、忸怩《じくじ》たる思いであります。我が佐賀の幕末のご先祖たちが、そんな幕府に立ち向かって歴史を変えたという事実があります。私は、ゆうこく連合の志士たちとともに立ち向かいます。

ゆうこく連合とは、政党ではなく、志を同じくする人たちが横に手を結んだ草の根組織です。これまで何十年間もの間、政党政治が変えることができなかったものを、民の力で、草の根で変えていくのです。今回の令和6年の総選挙だけではありません、289の小選挙区で時間をかけて徹底的に戦いたいと思っています。

私たち旧民主党の反省も含め思い返しますが、政権を取った当初は大きな万能感を感じるものです。特に民主党政権は、自民党を選挙で倒して得た政権です。やりたいことはそれぞれの議員ごとにたくさんあり、同時に実際に閣僚になってみると、やれていないことの多さに気付き、これもひっくり返さなければならないと躍起《やっき》になっていました。

そして、「一つひとつの課題をチームでまとまってやらなければ失敗する」ということが私たちの反省です。

石破氏は党内野党といわれ、自民党の中にいながら、野党のようなことを長く続けてこられました。それに対し、石破チームは脆弱です。石破氏の特筆すべきビジョンも石破チームも見えてこないのです。

もし、私が石破氏の立場となり、党の代表、総理になったときには、石破氏のようなやり方は絶対にしないでしょう。チームをまず作り、そのチームにあらゆる検討をさせて、一丸となってまとめ上げる。1か月や2か月の短い単位でも、その都度報告を上げさせます。総理とは、本人が最終決裁権者なのです。ひとりで思いつきのまま発言をしていては、引っ込みがつかなくなってしまうのです。

若い頃からいろいろなことでお導きいただいた石破氏。あなたが現状維持を選択するならば、徹底的に戦っていきます。逆にいえば若い頃の恩返しのつもりです。長く自民党の中におられて、国家や国民のことが見えなくなっているのではないでしょうか。総理になってからの石破氏には、石破氏ならではの発言に期待していましたが、何一つなかったことは極めて残念であります。

裏金の問題、統一協会の問題、アメリカ従属の問題、そして日本弱体化の問題。さらにはエネルギーも安全保障も、何一つ解決の糸口が示せていません。

その解決策を示し、実行するのは誰か。私たち、ゆうこく連合がその一翼となることを申し上げます。アメーバのような古い政治体質を、ダイヤモンドのような硬い結束と強い意志ではね飛ばして行こうではありませんか。強く立ち向かいます。世界は私たちとともにあります。

このままでは石破氏はおそらく、岸田氏と同じ運命を辿られると感じています。岸田氏が総理になられた時、真っ先に〝所得倍増〟とおっしゃっていましたが、結局その影も形もないまま、退任されました。石破氏が任期の間で、必ず成し遂げたいことは何なのですか？

私は自著『平和』のなかで、石破氏と対談をしています。当時の石破氏との対談は非常に充実したものでした。それらを振り返りながら、明日の日本を考えてみたいと思います。

※1　新任した石破内閣へ出された質問主意書は56個。そのうちの25個は原口一博によるもの。「第214回国会　質問の一覧」

https://www.shugiin.go.jp/internet/itdb_shitsumon.nsf/html/shitsumon/menu_m.htm

●──石破氏と語った日本の防衛・安全保障・核保有論

石破茂氏は、2006年の当時はすでに防衛庁長官を務められ（小泉内閣）、安全保障のスペシャリストとして信頼の厚い代議士で、拉致議連《らちぎれん》の初代会長も務めました。私たちの先頭に立ち拉致議連を立ち上げたのは石破氏でした。安全保障上の課題ではさまざまなご指導をいただくこともあり、防衛をよく知る者として、猛々しい言葉も使わず、荒い論理も展開しませんでした。武力行使と戦争による惨禍《さんか》を、誰よりもよく知っていたからです。

以下、対話文は自著『平和』（2006年発刊）より引用させていただきます。

原口　石破さんは数少ない安全保障の専門家ですし、防衛庁長官時代には、現在のイラク支援、テロ対策関連法にも関わっておられます。日本のこれまでの安全保障のあり方をどう総括し、これからどうしていくべきなのか。大枠のお考えを聞かせてください。

石破　太平洋戦争敗戦のショックがあまりにも大きすぎて、安全保障について語ることすら許されないという時期がまずありました。その後に独立を回復して自衛隊を持つに至ったわけですが、当時はまさしく冷戦のまっただ中です。「基盤的防衛力整備構想」という言葉に代表されるように、冷戦のバランスを崩さないことが最大の目的でした。

基盤的防衛力整備構想とは、どこか特定の国の脅威に備えるのではなく、独立国として必要最小限の防衛力を整備するという、世界でも聞いたことのない防衛構想のことです。つまり、日本が防衛力を何も持たないと、東西両陣営の接点である日本周辺において力の空白ができて、力のバランスが崩れてしまう。ですから、何のために防衛力を持つのかという根本的な議論がなされることはありませんでした。

国防について、安全保障について論ずることはすなわち、「あいつは戦争が好きなんだ」と思われるために、その議論を政府や国会議員たちも避けてきたんでしょうね。その間、ずっと日本人の安全保障に関する意識が、喚起されないまま現在を迎えたのだと思います。

――石破氏の認識は極めて大切といえます。日本は安全保障の定義をせず、米軍の再定義もしていないにもかかわらず、一方で自衛隊の運用については、なし崩し的に憲法を解釈改憲しているのが現状です。

米軍というものは何のためにあるのか？　おそらく大多数の日本国民は「日本を守るために米軍がある」と思っているのではないでしょうか。日本にいる米軍は、日本人を守るため戦うのだと。

しかし、それは誤りです。日本を守る目的は二の次であり、米軍駐留の原点となる目的は、《日本の再軍備を防ぐ役割》です。その次に、《東アジア、西太平洋の扇の要としての役割》です。

さらに、実際に有事になったとして、米軍による武力を発動するかどうかは米国議会の判断が必要であることも、おそらく知られていないと思います。

石破氏と私は、安全保障について〝この時は〟完璧に考え方が一致しています。

原口　理念もなければ、議論そのものもタブー視されてきたのですね。

石破　日本人は極端から極端に振れやすいでしょう。例えば、北朝鮮が核実験をしたり、ミサイル発射の実験をしたとなるとすぐに「北朝鮮なんか叩いてしまえ」という議論が起きるわけですね。なぜ戦争に負け、なぜ平和が続いたのか。冷戦が終わったあとには、どうすればいいのかという議論をしないと、同じことが必ず繰り返されると思っています。

――とても大事なことをおっしゃっています。ソ連がなくなり、冷戦が終わったタイミングでまずやっておかなければいけなかったことは、《在日米軍の縮小》であると私は断言します。ここでも石破氏と私は同じ考え方です。

この対談は18年前で、今の私たちが現実に見ているのは、自民党総裁選に勝利し総理になられた2024年の石破氏です。2006年の石破氏と、2024年の石破氏はどう考えても同じ人物には見えません……。

私は石破氏と話をするのがとても好きでした。基礎知識がきっちり整っていて、話がスムーズに進むためです。しかし、「集団的自衛権」と「集団安全保障」の2つをごちゃ混ぜにして議論している国会議員は少なくありません。

日本の国会議員は平和ボケの逆で、むしろ〝戦争ボケ〟しているような、戦争によって何でも解決できると考えている人も多いです。そんな人たちに国を率いられては、日本は簡単に滅びます。

原口　北朝鮮が核実験を行いました。石破さんもテレビで発言していますが、核保有とはいったい何なのか？　私も議論すること自体を否定してはいけないと思います。ただ、核保有が我が国にとってどんな不利益をもたらし、どれほどの危険を生むのかについての議論はすべきだと考えています。

石破　原口さんと同意見です。日本が核を持つべきだという人はいます。学者にもいるし、評論家にもいる。言わないだけで、国会議員にもいるはずです。しかし、アメリカの核の傘なんて信用できない。アメリカはワシントンやニューヨーク、ロサンゼルスに核を打ち込まれてまで日本を守るはずがないので、日本も核を持つべきなのだと。仮にそのことが日本の独立のために必要だと信じるのであるなら、公の場で堂々と発言してくれと私は思うのです。

自分の票が減るのが嫌だから公言しないというのであれば、それは卑怯だと思います。マスコミもそれを「危険だ、危険だ」と言わないでくれということですね。

私は原口さんと一緒で、日本が核を持つメリットよりもデメリットの方がはるかに大きいので、持つべきではないという立場です。

原口　私も石破さんと同じ意見です。デメリットを具体的に挙げていただけますか。

石破　五つあります。一つは、日本が核を持つということは、ＮＰＴ（核拡散防止条約）から脱退することであり、またウランを輸出している国と結んでいる二カ国協定を全部破棄することになります。そうすると、我が国の電力の４割をまかなっている原子力発電は、やがて全部止まる。それでいいのかという実質的な問題があります。

二つ目は、確かに今のＮＰＴ体制はすごく不公平です。アメリカ、ロシア、中国、イギリス、フランスしか核を持ってはいけないと定め、インドやパキスタンのように持ってしまった国は容認され、イスラエルのようにＮＰＴに入っていない国はもともと議論の対象にもならない不公平かつ理不尽な世界です。

しかしながら、日本が核を持つとなれば、我も我もと核を持つ核ドミノ現象が起きる危険性が高いです。そうすると世界中が核を持つようになり、やがてはテロリストにも渡るようになる。そういう世の中と、不公平ではあるけれども、今のＮＰＴ体制とではどちらがよりましかを考えた場合、今の方がベターだとは言えると思うのです。なぜ、危険な核ドミノの引き金を我が国が引かなければならないのかと問いたいですね。

三つ目は、核を抑止するためには核でなければならない時代ではなくなっていることです。ミサイル防衛にしても、日本はまだ持っていませんが、発射されたミサイルを打ち落とせる兵器、あるいは敵のミサイルの発射基地の中枢部分だけを叩いてミサイルをほぼ確実に無力化できる兵器もあります。核の抑止力となる新技術ができつつあるのに、何で核にこだわるのかが解せません。

四つ目は、核保有が日米関係に与えるマイナスの影響、つまりデメリットの多さです。日本が核を持つことは、日米同盟体制は信用できず、アメリカの核の傘は信用ならないということだから、日米同盟によって得られる利益の大半を失います。その議論をしている人がいるでしょうか。アメリカの中にも日本の核保有を認める人がいると言いますが、合衆国政府としては絶対に言わないでしょう。

そして五つ目は、どこで核実験をするかということです。実験なんかしなくても核を持てるという人はいるけれども、コンピュータ・シミュレーションだけで開発できるとは私は思いません。これらの理由によって、私は核を持つべきではないとマスコミで語っていますし、自民党内でいつでも議論したいと発言しているのです。

核もそうですが、集団的自衛権の行使や武器輸出三原則も同様です。集団的自衛権を行使するメリットは何で、デメリットは何か。武器を輸出しないことのメリットとデメリット。その現実的な検討、議論をしないまま「国是だ」の一言で片付けてしまうのは、本当に危ないと思っているのです。

――この時の石破氏は本当に、つくづくまともだと感じます。石破氏は防衛においての専門家であり、そしてかなりのタカ派、好戦的な人、とお思いの方も多いと思いますが、実際にはまったく違う慎重な人なのです。この石破氏は、今私が見ている石破氏と、本当に同じ人物なのでしょうか。

平成4年（1992年）に石破氏が訪朝したときのエピソードがあります。当時は北朝鮮が核実験を始めだした時代でした。

石破　私は一度しか北朝鮮に行ったことがないのですが、平成4年に金日成《きんにっせい》が80歳になったその生誕記念祭というのがあったのですね。当時の私は当選二回で、当時はまだ自民党、公明党、日本社会党の三党共同の超党派奉祝団を作り、羽田からチャーター機で行ったのです。私は日本海育ちですから、北朝鮮に対する警戒心を子どもの頃から持っていましたが、見ないで論ずることはいけないと思いました。奉祝団の一員に混ぜてもらって、訪朝したのです。

当時はまだ拉致問題も顕在化していない、工作船も来ていない、ミサイルも飛んでいないという時代です。たった2泊3日の訪朝だったけれども、あんなに驚いたことは後にも先にも初めてでした。要するにこの国は、反日で統一された国、個人崇拝の国、マインドコントロールの国なんだということがよくわかりましたね。本当に心底、実感しました。この国が核を持つことが、いかに怖いかと訪朝以来、ずっと感じていました。私はあのとき北朝鮮を見なければ、今でも農林を専門にしていたと思います。防衛に変わったのは、それからです。

——北朝鮮の脅威を肌で感じたからこそ、防衛安全保障の専門家になられたと告白しています。

先日の2024年10月17日、石破首相は就任後初めて拉致被害者家族と面会し、「拉致問題は誘拐事件ではなくて国家主権の侵害だ」と語りました。日朝首脳会談の実現と拉致問題の解決に向けての進展を心より願っています。

●——北朝鮮の今後

石破　北朝鮮は、国家目標が我が国とはまったく異なる国ですね。（中略）あの異様な国家体制を維持するには、常に戦時体制でなければいけない。（中略）

　個人の幸せを抑圧するためには、戦時体制を演出しなければなりません。だからこそ、世界最強国家であるアメリカが、我が北朝鮮を攻めてくるぞと言い続けるしかないのです。経済力ではかないませんから。

　お金がなくては陸海空を維持できないので、ミサイルであり、核であり、生物・化学兵器であり、特殊工作員に特化して対抗しているわけです。

原口　お金がないから先鋭化するのですね。

石破　お金があるから核実験をするのではなくて、ないからこその核実験……。

原口　陸海空を維持するお金さえないから逆に全ての資源を核兵器につぎ込む。核兵器は、ある意味で「安上がりな武器」の一つです。

石破　結局は、北朝鮮の戦時国家体制を崩さない限り、問題は解決しません。（中略）

原口　国際社会からすると、北朝鮮の核開発の父は誰かと。パキスタンなのか、シリアなのか、リビアなのか、ロシアなのかとさまざまな憶測を呼んでいます。そのことが核技術の拡散の隠れたネットワークを知る上ではとても重要な情報ですよね。金正日氏の命を保証してその情報が得られるのなら、これに越したことはないと米国などが判断するのは、国際安全保障上、ありうる考え方でしょう。ソフトランディングできる道なのかなとは私も思うのですが。

石破　体制は保証しないまでも、あなたの命は保証してあげると。何なら喜び組も連れてどこかに亡命してもいいぞと。しかし、核は放棄しなさいよという絵をどう描き、彼に受け入れさせるかです。（中略）

ただですね、私は核を持つというのは、国民に対していつでも戦える。世界最強のアメリカに対して、我が共和国が戦う力を持つことを見せるためであり、そして世界に向かってそれを見せることです。実際には使わないだろうと思います。使ったら終わりですから、あの国は。そこまでおろかではない。

むしろ私は、生物テロや化学テロの方がよほど怖いと思っているのですね。対人地雷の頃からずっとそれは言っているつもりです。何のために日本人を拉致したのか。それは日本人と寸分たがわぬ工作員を作るためでしょう。その生きた教材として拉致をし、そしてその教育を受けた工作員たちは、何のために日本にいるのかといえば、いざというときにそういう挙に出るということも、当然想定しておくべきです。

核を使えば国は崩壊する。しかし、例えば生物兵器を使ってここで炭疽菌、あそこで天然痘といったようにまいた場合には、潜伏期間がありますから、発症するまでに感染者は電車にも乗るし、飛行機にも乗るし、車にも乗ってあちこちばらまくわけですよね。いざ病気が発症した時には、もう工作員はどこかにいなくなっている。誰がやったか分からない。原因不明の病気で日本人があちこちでバタバタ死んでいく。その辺にコーランでも置いておくと、「アルカイダか？」という話になる。これがまさしくテロで、パニックになる原因じゃないでしょうか。

私はミサイルに対する危険と同時に、生物化学テロへの対処能力を我が国は持っているのかと、きちんと検証しなければいけないと思っています。

——石破氏とはここでも同じ認識です。「生物科学テロに対する対処能力を、我が国は持っているのか」……実に大事なご指摘です。新型コロナウイルスやワクチンをはじめとした、生物兵器まがいのものが堂々とまかれている現代です。そして、こうした内容のお話は安倍晋三氏ともよくしていたことを思い出します。

「北朝鮮の核開発の父は誰か？」と触れている箇所がありました。本書をここまで読まれているかたはお気づきと思いますが、結局、アメリカでありディープステートであると私は思っています。

安全保障観について石破氏とは極めて高いレベルで共有できているので、話がどんどん進んでいきます。

●――情報セキュリティとサイバーテロ

原口　生物テロどころか、サイバーテロも考えられますね。日本のセキュリティ、特にサイバー。2015年にNISC（内閣サイバーセキュリティセンター）が立ち上がりましたが、脆弱すぎます。

石破　かつての対称的な戦いの時代は、それでもまだ対処しやすかったですね。

原口　そうです。対称が非対称になっています。国と国、大きいものと大きいものじゃなくて、大きいものと小さいもの。

石破　飛んでくるのは飛行機かミサイルなわけです。ところが、アメリカの9・11が典型で、要はテロというのは、いつ誰が、なぜどのようにしてやるのかがまったく予測できません。かつての対称的な戦いでは、どこが敵なのか、いつ攻めてくるのか、いかなる理由で攻めてくるのか、そして、何を使ってくるのかということが、ある程度予測可能でした。今は全部予測不可能ですから、考えただけで怖ろしいですよ。

――テロリスト対国家、と想定した議論になっていますが、私たちがテロリストと呼んでいる集団を作り上げているものの正体こそ、ディープステートの戦争屋です。私たちの目の前に立ちはだかり、戦う相手とされているものは、実は私たちの背後にいる勢力が作り上げたものなのです。

例えば、ＩＳＩＳの成り立ちを見ても、処刑されたサダム・フセインの歴史を見ても、それは明らかです。もともとイラクとは、イランに対抗するために、アメリカが血道をあげて作った政権なのです。言うことを聞かなくなるとポイと捨て、その中の一部をテロリストに仕立て上げ、新しい攻撃を始めます。それがディープステートの卑劣なやり口なのです。

●日本には「情報力」の強化が必須

原口　いわゆる官僚機構も防衛機構も、整理されていない確信のできない情報はすぐには上げられません。だけど、すぐに上げないとその情報は死んでしまう。この辺の情報マネジメントが、相手が非対称であればあるほど大事になってきますね。

石破　情報力の強化は、一番に急ぐべきです。何も憲法を改正しなくても、情報力の強化はできるわけです。だから有事法制ができたときに、自民党、公明党、民主党との間で、緊急事態基本法を作ろうということになった。で、その中には情報力の強化というのも入っていたはずですが、なぜか政府は、今の体制で十分であると言って、約束を反故にしたのです。

——これも極めて大事なところです。憲法を改正せずとも、情報力の強化は可能であり、緊急事態への対応も十分できるのです。

非常に理論的であり、大切なことをおっしゃっていると思います。憲法の緊急事態条項で、憲法を停止しなければいけないと言っている近年の岸田政権とは真逆です。非常に面白いと思います。

原口　情報戦というのは、パニックを起こされただけで多くの人を殺す威力があります。先日も、次に核実験をされたら、地下に潜れ、地下道に行きましょうって、平気でそういうことを言うマスコミの方、学者の方がいました。群衆が一斉に地下に押し寄せたらどういうことが起きるか。そのパニックの方がよほど怖ろしいです。

石破　私は、情報は大きな抑止力だと思っています。（中略）しかし、武器になる爪も牙もないウサギの耳がなぜ長くて大きいのかというと、危険を事前に察知して、自分の身を守るためです。日本と一緒ですよね。だとするならば、情報力を強化する法律は、可能だし必要なはずです。早い情報は間違いが多いし、正確な情報は遅い。各省庁は完全な縦割り組織だから、「この情報は我が防衛庁が独自に入手したもので、総理のお耳にだけ」となってしまう。情報がまったくシェアされていないわけです。

原口 野党の議員は与党以上に官僚と情報共有できていません。それは常に痛感します。

石破 国民の生命・財産を守るために情報共有しましょう、という当たり前の理屈ですけどね。それから、情報収集。インターネットも含めて、かなりの海外情報は手に入ります。その人材も確保しなければいけない。情報はサイクルになっているのだから、こんな情報を集めなさいという指示が政府から出て、それに基づいて情報を収集・分析し、評価して活用するサイクルができていないと機能しないのです。これを作りましょうという法律は、やる気になれば簡単なはずです。

安全保障には保守も革新も、与党も野党もないわけです。情報のサイクルを作るための法律を作る際に最も問題になるのは、「秘密保護」です。国会議員が安全保障に関する秘密を漏らしても、現在は何の罰則もありません。この現状を改革しないと、よその国は情報なんか教えてくれないですよ（その後の2014年12月に「特定秘密保護法」が施行される）。

国会議員なんかに教えた日には、どこでうっかり話すかわからないから、危なくてしかたがないと思っているのでしょう。

――つまり、防衛力とは単にミサイルや戦闘機などを買い込むのではなく、ウサギの耳のように事前に危険を察知するシステムがまず必要だとおっしゃっています。日本には情報力の強化が不可欠です。一方で現在の石破氏は、東アジア版NATOや核の拡大抑止などを真っ先に掲げ、この時の石破氏とは連続しません。

安全保障に、右や左は関係ありません。あるのは現実であり、やるべきことは原理原則に沿った戦争の違法化、そしてルール化です。

石破　小泉総理はブラインドの状態で北朝鮮に行かざるをえなかった。5人の生存者以外は全員亡くなっていると言われてショックを受けて帰ってきたけれども、実際はそうではなかった。

北朝鮮の情報を正確に把握できていれば、もっと対処の仕方はあっただろうし、イラクに大量破壊兵器がないということがわかっていれば、合衆国に対してモノが言えたでしょう。

――とてつもなく重い言葉です。初代拉致議連の会長であり、小泉純一郎総理とも親しかった石破氏が、小泉総理はブラインド（情報も何もない）の状態で北朝鮮に行かざるを得なかったとおっしゃっています。

混同される「集団的自衛権」と「集団安全保障」

原口　もう一つ、「集団的自衛権」と「集団安全保障」をよく国会でも混同して議論をしていて、非常に危険だと感じています。石破さんはきっちり分けて議論をされています。やはり今の枠組みの中でやれないことはやれないし、枠組みを超えてでもやらなければいけないことは、その超え方を議論しなければならないという思いは、私たちにもあります。一般の方が読んでもわかるように、集団的自衛権と集団安全保障の違いを説明してもらえませんか。まさにイロハのイですから。

石破　国会議員でも95％は区別して理解していないと思います。一般の方がわからないのも当然です。

「集団安全保障」というのは、早い話が国連に代表されるような一つの組織（結社／グループ）があって、その中に無法者、おきて破りが出た場合には、みんなでそいつを制裁しようということです。

「集団的自衛権」というのは、Aという国とBという国があり、お互いに誰かにやられたら、守り合おうねというものがスタンダードな姿です。つまり、外からAもしくはBを攻撃する国が出てきたとしたならば、お互いにそれを排除しようということです。

無法者が中にいるのが集団安全保障で、無法者が外にいるのが集団的自衛権。これはまったく違うのです。

また、私はイラクに自衛隊を出したときの責任者（当時は防衛庁長官）でしたが、サマワで自衛隊が活動をしました。あのサマワを含むムサンナ県を守っているのはイギリス軍であり、オランダ軍です。彼らがやられたら助けに行けない、これは集団的自衛権の行使だからできないと言う人がいますが、そうではありません。イギリス軍やオランダ軍が現地のテロリストに攻撃された場合に、それを排除するのは、決して国家の自衛権ではない。相手が国なら話は別ですが。これが政府の立場です。

イギリス軍を守りに行けない、オランダ軍を守りに行けないのは憲法の問題ではなく、政策の問題なのだと私は何度も説明しましたが、「いや、憲法だ、違憲だ」では話が前に進まないわけです。集団的自衛権と集団安全保障はどこが違うのというところから、もう一度おさらいしていただきたいと思います。

原口　もともと戦後の歴史というのは、戦争の違法化であって、武力行使できる条件を非常に限定しています。その歴史を踏まえていれば、そこはあまり混同しないで済むはずなのですが、国会での議論は非常に混乱しています。

石破　これも私は覚悟を決めて、自民党の中で毎週、安全保障シリーズの勉強会をやっているのですね。集団安全保障と集団的自衛権をテーマに30分私が講演をして、30分質疑応答。次は国際法上の集団的自衛権とは何かを30分話して、30分の質疑応答。その次は、国内法における集団的自衛権とは何かというのをやって、明日は政府の解釈はいかに変わったかを取り上げるのですね。

民主党内においても、きちんとした知識の下で、防衛や安全保障の意識が高い人は、それほど多いとは思えないです。それを増やしていく努力は、自民党内では、およばずながら私がやるし、民主党内では、原口さんにやってもらう。そうしないと世の中は変わらないのです。

――これもとても大事なことです。安全保障についてのコンセンサス、共通認識が定義のところから貧弱なのです。

定義が人によって異なれば、それでは議論にはなりません。そのため、皆でしっかりと勉強をして、同じ認識と定義で話し、進めていこうとしているのです。

そしてもう一つ、石破氏は極めて大事なことを述べています。サマワでのイギリス軍やオランダ軍を、日本の自衛隊が守るのは《憲法の制約の話ではない》ということです。

石破氏のおっしゃる通り、これは集団的自衛権の話ではありません。国家の意思、自衛権の発動として、自衛隊が外国に派兵されているわけではないためです。

この問題も非常に、今の自民党の姿勢と乖離している点であるといえます。今はとにかく、緊急事態に備えるためには憲法を変えなければいけない、緊急事態宣言条項を作らなければいけない……と躍起になっているではありませんか。この対談で、石破氏が言っていることとは正反対です。緊急事態に備えることは、憲法を改正せずに、現状でもできることがたくさんあるわけです。

●—昔の石破氏と今の石破氏はまるで別人

以上が、自著『平和』にある石破氏と私の対談の一部です。石破氏の本来の安全保障観が垣間見えたかと思います。

対談をフラットに振り返ってみても、違和感は無く、考えていることは2006年の段階では相違点を探す方が難しいといってよいでしょうか。もちろん違うところがまったくないとは言えませんが非常に近い立場です。

その人がなぜ今、東アジア版NATOをつくりたいと打ち出し、核の拡大抑止まで掲げているのか。なぜアジアに軍事同盟を作る必要があるのか？　敵はどこだとお考えなのか？

はっきり言って、NATOは軍事同盟であり、今も冷戦思考を引きずる失敗している組織といえます。失敗した組織の名前を挙げ、なぜ北東アジアで失敗を繰り返そうとしているのでしょうか。

近年の石破氏には、理解に苦しむことがいくつもあります。なぜこうも変わってしまったのでしょうか。

石破内閣（第1次）の面々を見ると、対談のなかで石破氏がお話された勉強会に参加されていたメンバーが何人も見えます。林芳正氏（官房長官）、岩屋毅氏（外務大臣）、中谷元氏（防衛大臣）も、石破氏の勉強会に参加されていた方です。

２０２４年の石破内閣は、閣僚同士で認識に違いが無く、共通の基盤がある人で固めているはずの内閣です。だからこそ不思議なのです。きちんと理解のある人間でチームをつくっているのに、なぜそれをひっくり返すような、わけのわからないこと言ったりやったりしているのでしょうか。

実は、岸田内閣の時から外務大臣／官房長官を務めている林芳正氏にも同じことを感じています。林氏は石破内閣でも続投して官房長官を務めていますが、実は私とは大学の同級生であり、若い頃からともに勉強をしてきた仲です。

林氏は……岸田内閣での外務大臣時代から、少しおかしいと感じていました。外務大臣でありながら、軍事組織であるＮＡＴＯへの視察に2回も行ったのです。私とともに培ってきた常識があるのであれば、ありえない行動といえます。誰かから脅されたのか、総理命令なのか、少なくとも自分の意思で行ったわけではないと思いたいです。同じ人間の行動とは思えません。

「NATO視察」は言うまでもなく、隣国（特にロシア）との関係を悪化させる一因となります。現在の日露関係はもはや戦後最悪の状態といえます。なぜ、そんなことをする必要があったのか、理解ができません。

《状況によって原理原則を変える》

これは一見、臨機応変で柔軟に見え迅速であることのように思われがちですが、国家運営としてはあってはならないことです。状況により流されてしまっては、日本国という船は遭難・沈没してしまうことでしょう。

石破茂という人物が、いかに原理原則を大事にし、それを守るなかで日本の防衛について考えている人間だったか……本対談ではおわかりいただけたかと思います。

〝だった〟と過去形で言わなければいけないのは残念なことです。

もう本当に……総理になられて、たった3日で本対談でお話されていたことをほぼすべてひっくり返しているのです。7条解散はいけないことだとおっしゃっていた人が、単に総裁選に当選されただけで総理大臣ではないにもかかわらず、7条解散をするとおっしゃったのです。

なぜこんなに変わってしまったのでしょうか。彼が、こうあってはならないと懸命に戦ってきたことを、彼自身がやっているのです。「ミイラ取りがミイラになる」とはまさにこのことではないでしょうか。

私も大臣を務めた経験がありますので、原理原則をすべて守ることは難しいことも承知しています。つまり、妥協を余儀なくされることも往々にしてあります。

しかし昔から、筋《すじ》とは何かを知り、原理原則を高いレベルで理解し、日本の安全保障の枠組みを歴史や世界の情勢からくみ取り、精緻に組み上げてきているのが石破氏です。

そんな人間がなぜ、「核の拡大抑止」どころか、さらに次の段階ともいえる「核シェアリング」まで検討し出しているのでしょうか。あるいはもはや本人はどこかにいなくなり、中身は全く別人なのでしょうか。

なぜそんなこと言いだすようになったのかは、現時点の私はまったく推測も分析もできません。ものすごく残念なことではありますが、これから追求していきたいと思いますし、全力で倒しに行くしかないと思っています。

「おわりに」にかえて――トランプ大統領再登場後の日本

２０２４年11月6日、アメリカ大統領選挙はドナルド・トランプ氏の圧勝で決着しました。

早速、ロバート・ケネディ・ジュニア氏が、ワクチンの有効性と安全性について直ちに調査をすることを公表しました。これはまさに、プランデミックに襲われている我が国にとっては、コロナの真実が明らかになり、人々の命と健康を守るために反転攻勢に移る追い風になると思っています。

また、トランプ氏は「政府効率化委員会」というものを立ち上げました。これは〝連邦政府全体の全面的な財政とパフォーマンスを監査し、抜本的な改革を提言する責務を負う〟委員会です。『日本独立！』のなかでも触れた最も日本の独立を阻害している「フォーリン・ミリタリー・セールス（ＦＭＳ）」などは、まさに効率化すべき無駄の温床です。

私が総務大臣だった時、米ＦＣＣ（連邦通信委員会）委員長のジュリアス・ジェナカウスキー氏と一緒に、４つのサイバーアタックのタスクフォースを立ち上げたことがありました。今回は待ちに待ったトランプ政権、日米共同の効率化委員会を立ち上げ、トランプ政権とともに正していくチャンスだと思っています。実際に私もTruth Social（トゥルース・ソーシャル）[※1]に、共同のプロジェクトを立ち上げたいということを提案しています。

トランプ氏は勝利宣言のスピーチで、「我々は強力な軍隊を持つ。しかし新たな戦争はしない。戦争を止める」ということを述べています。まさに、アメリカの戦争屋が跋扈したこの20世紀から21世紀にかけての総ざらいをするのだと思います。今、世界を見ていると、第3次世界大戦の導火線に引火するまでもうあとちょっとというところに来ています。これを止めるのです。それに私たちも全力で協力をしたいと思います。

逆に言えば、日本国内にいるディープステートの手下たちは、今まさに右往左往しているることでしょう。投開票日には、いつまで経ってもカマラ・ハリス氏が勝っているとか接戦だと報じていた日本のメディアに象徴されるように、ディープステートの傀儡かどうかのリトマス試験紙が図らずも明らかになりつつあります。

ただひとつだけ言っておかなければいけないのは、この後、トランプ大統領が一般教書演説をして、２０２５年の頭から日本にとって平穏な年になるかというと、そうではないと思っています。むしろ、ディープステートの資金源は日本だと思っていますから、相当にさまざまな圧力がかかってくると思います。

今のまま行くと、2025年の夏には衆参同日選挙の公算が高いと見ています。そこに私たちは反グローバリズム、ゆうこく連合の旗を高々と掲げていくのです。言うなれば今はまだ準決勝です。今回の衆議院総選挙では、多くの仲間が国会に戻ってきました。そういう意味でも、ホップステップジャンプのうちのホップの第一番目の足が地面に着いたところです。次のステップで私たちは、ゆうこく連合という超党派の市民組織、政治集団を軸に日本の独立と再興に取り掛かります。

自民党は600万票、立憲民主党は150万票以上を小選挙区で減らしたわけです。立憲の議席は確かに増えましたが強い支持を得たわけではありません。寧ろ小選挙区だけの票を見るなら立憲も負けているのです。ザイム真理教や、ディープステートの傀儡政党は、もういらないと言われているのです。

ですから、私たちがこれから何をするかということは非常に大事であり、この本が皆様のお手元に届く頃には、もう少し私たちの姿がはっきりと見えているのではないかと思っています。

もうひとつ、トランプ氏は関税を大きく引き上げ、それを原資に国家ファンドを作ると公言しています。これは逆に言うと、通貨主権を損なわれている我が国が、アメリカ一辺倒の貿易を見直し、ＢＲＩＣＳを中心とした多元的な世界の仲間入りをする契機にできるかもしれません。

「政府効率化委員会」のメンバーに入るといわれているロン・ポール氏[※2]はリバタリアンとして有名な方で、『End the Fed』（『ロン・ポールの連邦準備銀行を廃止せよ』２０１２年／成甲書房）という本を書いています。つまりThe Fed＝アメリカの中央銀行制度（ＦＲＳ。ＦＲＢも含まれる）を利用した貪る資本の時代を終わりにするということを宣言している人です。グローバルな貪る資本、これもディープステートの本体のひとつです。

また、ロバート・Ｆ・ケネディ・ジュニア氏は、Make America Healthy Again（MAHA）というスローガンで、アメリカ人の健康問題、特にワクチンに関する問題に真っ向から挑戦をしていきます。

これはゆうこく連合の３つの理念のうちの【日本救世】にあたるところです。日米で協力して推し進めることができれば、ワクチン（遺伝子製剤）の問題は大きくドライブすることができます。

ロン・ポール氏の改革は、２番目の【日本再興】です。ザイム真理教による消費税を主とした日本弱体化装置と、それとともに、日本のマネーでアメリカのドルを一本足で支えるという通貨主権の奪われた状況の改善が期待できます。消費税は輸出還付金を含めいわゆる輸出促進税であるため、トランプ政権は日本の消費増税を認めないでしょう。

世界は、アメリカ一極一強に付き従うかたちから、ＢＲＩＣＳを中心に多元的な相互尊重のかたちに大きく変容しています。分断された朝鮮半島を統一に向かわせ、今なお残る北東アジアの冷戦に終止符を打つのは今を生きる我々の責任です。

トランプ大統領が再登板することはすごく良いことで喜ばしいことですし、私も心の中で応援してきましたが、トランプ大統領が日本を変えることはありません。

10月27日の総選挙の日から、日本は再建を始めなければなりません。選挙が始まる前に「この国を変えるのは日本国民である」という信念のもとに、ゆうこく連合を立ち上げました。そして立憲民主党を中心に、この日本の夜明けの、この10月27日があってよかった、あの日から日本は再建したんだ、あの日から国民を見殺しにする政治は終わったんだ、あの日から私たちは明るく暖かい世界を目指して、国民が統合して歩くことができる、平和を勝ち取ることができるようになったんだ……そういった確信を持てる強力な政治集団を作って参ります。

今回のトランプ大統領の勝利は、世界が大きく変わるものすごく大きな一歩ですが、まだこちらにはディープステートの傀儡がいますから、これからの1～2年は大嵐になると思います。大嵐の中で、しっかりと足元を固めて、【日本独立】を果たしながら、今まで壊されてきたものを再興していくのです。

例えば、ロシアとの関係も戦後最悪の状況です。しかし11月5日にクレムリンで行われた新たに着任した大使を招いた信任状捧呈式でプーチン大統領は、非友好国12か国の大使らに対して「ロシアは対立を求めない」ことを述べました。つまり、今まで皆さんとの関係は最悪であったけれど私たちロシアは窓を開けている、ということです。それはある意味、アメリカが変わることを見越しての発言といえるでしょう。ネタニヤフ政権（イスラエル）も、ショルツ政権（ドイツ）も、昨日、崩壊しました。

トランプ大統領を支えるロン・ポール氏はリバタリアンですし、イーロン・マスク氏もロバート・F・ケネディ・ジュニア氏も元々民主党支持者です。そういう人たちが垣根を超えてトランプ氏のもとに集まってきました。

日本では正直に言って、変革主体としての人材は未だに不足しているような状況です。

それはやはりここ何十年の教育を含めた衰退の影響は大きいでしょう。だけど「今だったら間に合う」と私は思っています。

世界で働いている人を含めて、すごい日本人はまだまだいっぱいいます。例えば、WHO、新型コロナワクチンの問題でも原丈人氏（元内閣府参与）ら世界的な人材にご指導を請いました。

これから世界中の愛国者（Patriots）と一緒に、共同のタスクを立ち上げ実行して参ります。それは別にアメリカだけではなく、中東もアジアも南米も欧州も、私たちの仲間は全世界に広がっています。頑張っていきたいと思います。

末筆となりますが本書を執筆するにあたり、対談していただいた方々、毎朝配信しているSNS上の方々はじめ実に数多くの方々に支えていただきました。

ご協力いただいた全ての方々、編集を手伝ってくださった中澤さん、高谷さんらに心から感謝を捧げたいと思います。たくさんの祝福がありますように。

※1　Truth Social……トランプ氏が設立した言論の自由を提供するソーシャル・メディア・プラットフォーム。SNS。日本語版はまだない。

※2　ロナルド・アーネスト〝ロン〟ポール……1935年生。共和党所属でテキサス州選出の元連邦下院議員。元医師。「リバタリアン」とは多義的な味が含まれ、完全自由主義、自由人主義、自由至上主義、自由意志主義などの訳語がある。

【著者略歴】

原口一博（はらぐち・かずひろ）

佐賀県佐賀市生まれ、東京大学文学部心理学科卒業。元総務大臣、元地域主権改革担当大臣。佐賀１区選出衆議院議員。当選１０回。立憲民主党。衆議院総務委員長、決算行政監視委員長等歴任。著書に『ガンになった原口一博が気付いたこと(吉野敏明氏との共著)』、『プランデミック戦争』(以上、青林堂)など多数。ＳＮＳでは党派を超えた主張を繰り広げ、常に話題の的となっている。YouTubeチャンネルは登録者数13.6万人。

編集協力：高谷賢治
装画：草場一壽
帯イラスト：小泉清美

日本独立！

2024年12月13日　　第１刷発行

著　者　原口一博
発行者　唐津 隆
発行所　株式会社ビジネス社

〒162-0805　東京都新宿区矢来町114番地 神楽坂高橋ビル5F
電話　03（5227）1602　FAX　03（5227）1603
https://www.business-sha.co.jp

〈装幀〉大谷昌稔
〈本文組版〉有限会社メディアネット
〈印刷・製本〉三松堂印刷株式会社
〈営業担当〉山口健志
〈編集担当〉中澤直樹

ISBN978-4-8284-2680-8